FIVE DECISIONS
THAT DRIVE EXTREME
CUSTOMER LOYALTY

顾客为什么
"粉"你

驱动顾客极度狂热的5大策略

〔美〕珍妮·布利斯◎著

杨洋◎译

当代世界出版社

图书在版编目（CIP）数据

顾客为什么"粉"你/（美）珍妮·布利斯著；杨洋译.—北京：当代世界出版社，2013.11

ISBN 978-7-5090-0935-2

Ⅰ.①顾…　Ⅱ.①珍…②杨…　Ⅲ.①企业管理－销售管理　Ⅳ.① F274

中国版本图书馆 CIP 数据核字（2013）第 204145 号

"I LOVE YOU MORE THAN MY DOG" by Jeanne Bliss

Copyright © 2009 by Jeanne Bliss

All rights reserved including the right of reproduction in whole or in part in any form.

This edition published by arrangement with Portfolio, a member of Penguin Group (USA) Inc.

Simplified Chinese edition copyright © 2013 by Orient Brainpower Media Co., Ltd.

北京市版权局著作权合同登记号：图字01-2013-6873号

顾客为什么"粉"你

作　　者：〔美〕珍妮·布利斯
译　　者：杨　洋
出版发行：当代世界出版社
地　　址：北京市复兴路 4 号（100860）
网　　址：http://www.worldpress.org.cn
编务电话：（010）83907332
发行电话：（010）83908409
　　　　　（010）83908455
　　　　　（010）83908377
　　　　　（010）83908423（邮购）
　　　　　（010）83908410（传真）
经　　销：新华书店
印　　刷：北京普瑞德印刷厂
开　　本：710mm × 1000mm　1/16
印　　张：13
字　　数：200 千字
版　　次：2013 年 11 月第 1 版
印　　次：2013 年 11 月第 1 次
书　　号：ISBN 978-7-5090-0935-2
定　　价：28.00 元

坦白地说，当我第一次看到珍妮的书稿时，多少都有些嫉妒，因为在我还没有动手之前，她就已经让这个想法跃然纸上了。我在这家挚爱的公司的客户服务部门奋斗了近37年，关于它的每一种想法，每一个教训，每一句总结，几乎无一例外，都在这本书中一一呈现了。

第二次读这本书时，我在想，我的天哪，这位女士的想法和我一直以来坚信的信念完全相同——她也认为无形的比有形的更重要；她本能地"理解了"对于一个组织获得成功来说，必需的方式是恪守黄金法则，而非用"每周计划"战胜客户。这也是她的直觉。

我完全同意珍妮关于如何赢得客户更多的忠诚度的看法；她精选了五个结论，并且讲述了关于真实公司的真实故事，这也是对于那些质疑要不要读这本书的怀疑论者的最好答复。此外，我也赞同她的"集体决策决定了你是谁"这个观点，不管对于个人、企业还是组织都是如此；要赢得客户的尊重（最终是赢得客户的喜爱），首先你要尊重客户。这就是为什么珍妮这本通俗易懂且受人欢迎的书中所列举的成功企业或组织采纳黄金法则行为的原因所在。

说实话，自从1962年我读了艾茵·兰

德的《阿特拉斯耸耸肩》之后，我还从没有如此悦纳过简单且有力的思想。我相信这本书！我认为珍妮抓住了她强调的让其全身心投入的公司的原因——精神、奉献及激情，我愿意见一见她在这本有趣的书中提到的每一个人。我们可以围着篝火而坐，畅所欲言，讲一讲我们可以效仿的客服故事，我相信我们一定会同悲同喜。我感觉我和珍妮在精神领域非常相似，我也确信她在书中描述的多数人也会引起我的同感。

如果你想找一本单调乏味的大学教材，或者想找动辄就要翻字典的晦涩文本，那么《顾客为什么"粉"你》绝对不是你的菜。如果你致力于一份让这个世界、让你的社区、让你所在的组织或者让你个人变得更美好的事业，你一定需要一些常识，一些让人们相信你、想要讲故事给你听的方法，那《顾客为什么"粉"你》就是你的不二选择了。我非常确信你会不停地点头，会非常认同珍妮所做的总结；而且我也相信这本书你一定会不止读一遍，一定会和朋友分享。好好享受你的阅读吧！

美国西南航空公司名誉主席

科琳·贝瑞特

顾客为什么「粉」你
FIVE
DECISIONS
THAT
DRIVE
EXTREME
CUSTOMER
LOYALTY

这本书讲的是如何让你被顾客口碑相传的故事。如果你尊重顾客，当然也会赢得他们的尊重，甚至可能赢得他们的爱，让他们心甘情愿帮你发展业务。

顾客如果喜欢你，不仅会在需要某个特定产品或服务的时候来找你，而且有需求的时候首先想到的就是你，无论你的竞争对手如何游说。这些顾客会组建起一支宣传大军，向他们的朋友、邻居、同事，甚至是陌生人传播你的故事，鼓动他们来尝试你的产品和服务。在 Yelp、Facebook、Epinions、Twitter、聊天室和数以百计的其他网站上，人们每天都在热情洋溢地讲述他们受到的礼遇，以及他们对提供这种礼遇的公司的喜爱。这些顾客会重复讲你的事情，唠叨个不停。但是首先你必须有让他们讲述你的故事的冲动。

很多公司想知道"我们怎样才能做到这一点呢？""我们如何做才能让顾客对我们的喜爱达到那种程度呢？"答案是：你如何做决定。本书将介绍 5 个决定，这些决定会让你的顾客愿意传播你的故事。这些决定会激发一些行为，而这些行为正是顾客所喜欢的。

他们爱你吗

本书将带你走上一条"发现之旅"：发现顾客是怎么向其他人介绍你的，你的决定又是怎么影响这些故事的。它会使你明白，你的决定激发了哪些行动，你每天用这些行动给顾客传达了怎样的"你是谁，你看重什么"的信息。如果你需要做一些方向上的调整，本书也会为你提供帮助。

本书将逐一探讨受欢迎的公司通常会做出的 5 个决定。书中还有大量案例，在每个案例的最后，我都会提一些问题来帮助你思考如何在你的公司里做出那样的决定。

我遇到过一些非常好的领导者，他们中大多数都善于提出问题而不是给出答案，我也打算用提问的方式让这本书带你走上一条反思之旅，让你可以更好地理解是什么促进或阻碍了你与顾客之间的感情联系。我的目标不是给你提供一个"放之四海而皆准"的解决方案，而是用一些恰当的问题让你从顾客的角度来评估和了解你的业务。这些问题会引导你为你的公司、员工和顾客找到最佳答案。

在阅读本书的时候你会发现，这些受欢迎的公司其内部运作方式与众不同。指导他们做出决定的动机激发了一些行为，而这些行为在顾客和他们之间建立了感情纽带。要成为一个受欢迎的公司，就需要重新思考如何做决定。我愿意通过本书帮助你重新设计你的公司做决定的方式。

通过阅读本书你可以问问自己："我们的决定反射出我们是谁，我们看重什么？"以此来了解你的决定背后的意图和动机，将它们与那些跟员工和顾客形成共鸣的意图和动机、那些推动公司发展和繁荣的意图和动机做比较。你还可以通过阅读本书来做出正确的选择，如何经营生意，从而向顾客展示，你的生意值得他们光顾。

顾客为什么「粉」你

FIVE
DECISIONS
THAT
DRIVE
EXTREME
CUSTOMER
LOYALTY

请用这本书来帮助你做决定

我职业生涯中的一件幸事，就是参与了一些受欢迎的零售公司的内部运作。1983 年，我成为了威斯康星州邮购公司 Lands' End 的一名培训师，负责培训电话客服人员，这些客服人员接听顾客的订购电话并为他们提供服务。在我进入 Lands' End 不到一年的时候，公司创始人加里·科默请我为他和公司的执行委员会做报告。加里称我的工作是用我的培训来培养公司的"良知"。那时邮购行业还处于起步的阶段，而 Lands' End 每年的增长率高达 20% 至 30%，因为 Lands' End 的立足点是：业务的长期增长取决于我们跟顾客之间牢固的情感纽带。

如今，Lands' End 公司已经不同于当时了，而 Lands' End 业务发展的过程给我带来了不可磨灭的影响。我们的决定体现了我们的价值观，这些决定带来的行动不仅表明了我们是什么样的人，也把员工和顾客的心与我们拉近了。这些不同寻常的决定推动了公司的发展，它所激发的行动让公司广受爱戴。我们每月都会收到大量"我爱你，Lands' End"的顾客来信，为了回复这些信件，公司组织了由 200 多名员工志愿参加的"通信团队"。我们的"伟大之处"就是我们有能力做出某些决定，正是由于这些决定，一些不同寻常的行动才有了发生的可能。

那个时候我们做出的很多决定帮助 Lands' End 成为了一家受欢迎的公司。

1989 年，在 Lands' End 经过多年的兴旺发展后，创始人加里·科默决定向那些帮助他建设公司的人表达个人谢意。当顾客谈到 Lands' End 公司，以及他们为什么喜欢这家公司时，最常说的就是"Lands' End 公司的员工让我喜爱这家公司。"因此，加里决定感谢这些给顾客留下美好印象、为公司的发展和繁荣做出贡献的人。他自掏腰包 1000

万美元，建了一个可以和世界上任何一家健身俱乐部媲美的员工健身俱乐部。这座修建在 Lands' End 园区内的建筑物是一件送给大家的礼物。它是加里对大家的称赞，是一封用建筑物形式写成的感谢信。

加里修建健身俱乐部，是要感谢那些塑造了 Lands' End 公司形象和个性的威斯康星州员工。这些员工在意他们自己做出的决定，与顾客进行了良好的互动，这使得 Lands' End 公司在顾客心目中独树一帜，生意因此蒸蒸日上。科默自己也从公司的发展中受益，他真心希望回馈那些与他共事的员工们。

加里之所以私人出资修建健身俱乐部，是想以私人的名义表达谢意——他和他的家人想要送给 Lands' End 公司的员工们一份礼物，他不想把修建健身俱乐部的费用作为公司的一项支出。知道和理解了科默此举的目的，你就会明白为什么这是一个高尚之举。

"伟大之处"不是行动，而是让行动可以发生的那个决定

我想用健身俱乐部的故事来结束"简介"部分。1989 年冬季的一天，我们穿过雪地和停车场，涌入了这座新建筑。我们一共有近 2000 人，其中有客服代表，无论你是白天还是夜晚打电话来 Lands' End，电话那头传来的亲切声音就是他们的；还有"拣货工"，他们每天推着庞大的购物车在仓库过道里来来往往，挑拣商品；还有"包装工"，他们把商品装在盒子里，确保它们装上卡车，安全上路。总之，Lands' End 公司的所有幕后人员都在这里，是他们帮助 Lands' End 与顾客形成了情感纽带。

所有的人都被领到了这座建筑的游泳池区域，接下来发生的事情永远印在了我的脑海里。加里·科默，Lands' End 公司的创始人，平静地让大家走到池子东南端的一堵墙前。"这个中心是专门为你们修建的，"他说，"因为你们的热情、爱和付出让这一切成为了可能。"

顾客为什么「粉」你

FIVE DECISIONS THAT DRIVE EXTREME CUSTOMER LOYALTY

"去找找你的名字。"他说。几个月来,一位艺术家把所有人的名字刻到了我们面前那堵墙上。这是因为我们很重要,我们很有价值,我们取得的成就远远不只是把 Lands' End 毛衣发送到数以百万计的人手中。

在我们接到的每一个电话,包装好的每一单货物,完成的每一份订单中,都体现了我们是什么样的人,而正是这打动了顾客的心——不仅因为我们是什么样的人,也因为我们做出了如何对待顾客的要求的决定。我们希望自己被怎样对待,就应该怎样对待顾客。当我用手指描摹着壁砖上我的名字时,我在颤抖,我感到自己是这个整体的一部分。

刻着我们所有人名字的那面墙仍然在那里。从这件事开始,我就相信,公司有能力善待他们的员工和顾客。这源于他们做决定的方式,取决于他们做决定的意图与动机。

请用这本书来指导你做决定。

用行动来展现你是谁,你看重什么。

顾客为什么「粉」你

FIVE
DECISIONS
THAT
DRIVE
EXTREME
CUSTOMER
LOYALTY

FIVE DECISIONS THAT DRIVE EXTREME CUSTOMER LOYALTY

01

心和习惯的结合，构成了
受欢迎公司的脊骨

当知道了你的价值观是什么时，做决定就不
会困难。

罗伊·迪斯尼
（ROY DISNEY）

受欢迎的公司做决定的方式与其他公司不同。他们可以敏锐地意识到他们的每一个行为是如何影响顾客的感受和回应的，因此他们会花时间和顾客就有关问题做出有目的的决定。受欢迎的公司会将他们自己与公司的业务经营紧密地联系在一起。

所谓的与众不同取决于你决定的意图和动机。意图和动机表明了决定背后的人是谁以及他们看重什么。受欢迎的公司还存在着一个共同点，即他们始终会找到一种方式把他们的人性融入到做决定的方法之中，自始至终都会考虑那些他们会影响到的人。

顾客钦佩受欢迎的公司，因为在这里人人都善待他们，而不是把他们当作一个问题，同时，当他们与这些公司接触时，这些公司让他们感觉温暖。当你想为母亲买一件毛衣时，电话线那端的客服人员会询问你母亲的相关情况。当你走进这些公司的大门时，不会感到"企业式"的炫耀，受欢迎的公司做决定的方式促使他们有了超越商业惯例的行为，从而使他们与顾客之间建立起牢固的情感纽带。

你的决定表明了你是谁，你看重什么

当你做出决定后，会导致一个行动。这些决定和行动积累起来，就成为了人们描述你和看待你的方式，这就是你的"故事"。

公司的集体决定向顾客、员工和市场讲了一个怎样的故事？什么东西对你来说很重要？你的决定反映了你的意图以及公司的立场吗？要让顾客喜欢你，首先就是你如何看待你的决定会影响到的人。如果每天你都通过你的决定来告诉顾客你有多尊重他们，那么，他们就会将这些事情告诉大家，让这些事情在互联网上广为传播。

本书列举了很多受欢迎的公司做出的决定，这些公司来自多个行业，规模有大有小，他们赢得了让顾客讲述他们故事的权利，顾客对这些公司很有感情，这就是他们受欢迎的原因。

所有这些公司还有一个共同点，即他们做决定时投入了专注、焦虑和激情。受欢迎的公司没有把暂时的利润不足看得很严重，而是用我们每个人在儿童时期就学过的黄金法则来经营业务。结果正如你在本书中所看到的，这些公司兴旺发达起来，是喜爱这些公司的顾客让其发展起来的。

普遍存在的人性

作为个人来说，我们的决定铺建了自己生活的道路：去哪里上学？与谁约会？如何对待逆境？如何对待赞同或不赞同我们观点的人。这些事情定义了我们是谁，推动我们变成了如今的样子。

当我们年轻的时候，不知不觉中学习过这条黄金法则，全心全意地相信它，竭尽所能地在生活中运用它。然后我们牢记这个理念，将它运用到生意中。

顾客为什么「粉」你

FIVE
DECISIONS
THAT
DRIVE
EXTREME
CUSTOMER
LOYALTY

儿童时期学到的黄金法则一直都以某种形式存在着。在荷马的《奥德赛》中，有人说："我会关照你，就像我在有同样的需要时关照自己一样。"公元前6世纪，孔子说过"己所不欲，勿施于人"。《摩西五书》中说要"爱邻如己"。伊斯兰教中，也有"不要伤害任何人，这样别人可能就不会伤害你"的名言。《圣经·马太福音》也说："你们希望别人怎样对待你，你们也要怎样待人。"

所以，在生意中做出的决定，表明了我们人性的深度，即运用黄金法则的能力。我们如何纠正差错，在送交商品、保证质量、给予人们所需东西的过程中有多认真细致，都显示出我们看重的是什么。而这些决定导致的行动，则揭示了我们是什么样的人。

我们作为顾客或员工跟很多公司打过交道，为什么我们会觉得有些公司很亲切，有些公司就很疏远呢？我们对公司的感觉跟我们遵循黄金法则有关系吗？当一个公司真正在尝试做正确的事情时，黄金法则会把我们吸引到他们那里去吗？

> 当我们年轻的时候，学习过这条黄金法则……然后我们牢记这个理念，将它运用到生意中。

事实证明，这种关系确实存在。唐纳德·普法夫是洛克菲勒大学神经生物学和行为实验室的负责人，也是《公平竞赛的神经科学：为什么我们通常会遵照黄金法则》一书的作者，他的研究证明，别人如何待我，我也如何对待别人，这是天性。

作为员工，往往被吸引到那些让我们能够发挥天性的公司中。作为顾客，如果一家公司做决定时会考虑到我们，我们就会对这家公司产生感情。

普法夫的研究结果告诉我们，利他主义是人类大脑中的一种源代码。之所以会有利他的举动，是因为有一种神经机制在引导我们这么做，它会让我们产生为他人利益服务的倾向。善解人意，对待别人就像对待自己，这些都是原始情感决定的。普法夫讲过这样一个故事：一名男子看到有人跌落到纽约地铁的轨道上，本能地跳下站台，迅速从铁轨上背起陌生人，回到站台边，被人们拉了上去。他为什么这样做？是什么让他为一个并不认识的陌生人甘冒生命危险呢？其实他是自然而然的，他的本能让他跳下站台，救起了困在铁轨上的人。

那么，何不把做正确的事情的本能带到工作中，本能地善待顾客和同事。受欢迎的公司会让他们的员工运用这种本能，让员工在日常工作中做正确的事情。他们允许并鼓励员工遵循这种本能，而不是给他们设置发挥这种本能的障碍。

> "心和习惯的结合，构成了受欢迎的公司的脊骨。"

苏黎世大学的研究人员也认为我们被"组装"了利他主义倾向。他们发现大脑中有一个小区域——背外侧前额叶皮层——负责抑制天生的自私倾向。对于我们评估公平以及平衡自私和物欲倾向来说，这个区域十分重要。

心和习惯的结合，构成了受欢迎公司的脊骨。认识和感受到什么是正确的，然后与符合我们自发的决定方式结合起来，让这些公司从内部和外部都受到人们的爱戴。

心和习惯的结合，让受欢迎的公司认真考虑顾客的需求和感情，做出一些不寻常的决定。在普法夫的研究中，跳到地铁轨道上的人做出了一次利他主义的行动，因为做这件事完全是为了帮助别人，他把跌落到铁轨上的人的需要摆在了首要位置。而公司从顾客需要的角度来做决定，常常把顾客的需要放在自己的需要之前，这其实是一种很自然的做法。关键是这种做法也把顾客吸引到了他们那里，

顾客为什么「粉」你

FIVE
DECISIONS
THAT
DRIVE
EXTREME
CUSTOMER
LOYALTY

让他们和顾客之间建立了一条情感纽带，从而使他们的业务获得了增长。

受欢迎的公司必须做的 5 个决定

作为顾客和员工，我们渴望获得受欢迎的公司提供的产品和服务。这些公司让人们能够按照他们自己的意愿做出决定和行动，而这些意愿和"做正确的事情"是一致的。这样的公司当然会把顾客吸引到他们那里去。

下面就是受欢迎的公司作出的与众不同的 5 个决定。这 5 个决定揭示了他们是谁，看重什么，从而赢得了让顾客讲述他们故事的权利。

1. 受欢迎的公司决定相信别人

"我们相信我们的顾客。我们相信那些为他们提供服务的人。"

受欢迎的公司决定相信别人。他们相信员工，也相信顾客，不采取怀疑主义的态度。通过信任顾客，他们摆脱了多余的规则、政策和官僚机制，因为这些东西在他们和顾客之间设置了屏障。受欢迎的公司相信员工能够也愿意做出正确的事情，这不仅减少了猜测，减少了每一步工作都进行检查的需要，亦避免了把员工降格为只会干活的劳动力，而是让员工充满活力，能够分享想法，并且愿意留下来。

2. 受欢迎的公司通过明确的宗旨来做决定

"坚不可摧的诚信和清楚无误的宗旨指导了我们决策的方向。"

受欢迎的公司花费大量的时间来强调他们的工作是为了让顾客生

活得更好，他们会把这个宗旨体现在他们的决定中。受欢迎的公司用明确的宗旨来指导决策，来把组织凝聚到一起，这就把"执行任务"提升到了为顾客提供某种体验的层次上。所以，顾客不仅想要再次享受这种体验，还会把它推荐给别人。

3. 受欢迎的公司决定做真实的自己

"我们的灵魂富有活力，我们的人性体现充分，而且，我们有鲜明的个性。"

受欢迎的公司卸下华丽的包装，努力消除"大公司"和"小顾客"的感觉，和顾客之间培养了拥有相同价值观，并对对方的缺点及怪癖有所包容的关系。这种关系让他们靠近彼此。但要做到真实的自我并不容易；在顾客面前表现出如此的透明度需要勇气。只有真正知道他们自己特色的公司才可以一直做到"真实"——无论顾客跟公司的哪个部门打交道。这些公司努力建造一个和谐的氛围，让人们的个性和创造力得以展现。顾客被他们的特质所吸引，而他们也赢得了这些顾客的爱戴。

4. 受欢迎的公司决定为顾客提供支持

"我们必须赢得与顾客保持持续关系的权利。"

以一种对顾客来说十分重要的方式来为顾客提供支持，这是受欢迎的公司每天都要做的事情。这样做需要耗费更多的资源和精力，但受欢迎的公司乐此不疲。在每天的工作中，他们争取到继续与顾客保持关系的权利。用每天辛苦的工作来捍卫自己的决定，因为他们知道，他们必须让顾客再次光顾。而这始于顾客需要他们的时候，他们能按照顾客的意愿来提供支持。

顾客为什么「粉」你

FIVE
DECISIONS
THAT
DRIVE
EXTREME
CUSTOMER
LOYALTY

008

5. 受欢迎的公司决定在出现问题时道歉

"当事情出差错时，我们怀着谦卑之心采取行动，迅速把错误纠正过来。"

一个公司对错误做出的回应，不仅反映了这个公司的人性，同时比其他任何情况下都更能显示该公司的本色。当问题出现时，有智慧和风度的公司会承担起责任，而不是指责别人和逃避责任。真诚地道歉，修复与顾客之间的情感纽带，是受欢迎的公司的做法。事实上，这种做法让我们更加喜爱他们。公司决定如何进行解释，做出反应，消除创伤，以及采取何种负责任的行动，这些都清楚地表明了他们对顾客的态度，展现了公司有怎样的一颗"心"。受欢迎的公司多年积累下来的好名声，使他们在诚恳道歉后更容易得到顾客的原谅。

"决定背后的意图和动机……让这些公司与众不同。"

事实上，做出这些可以让顾客喜爱的决定并不轻松。很多公司都曾尝试复制受欢迎公司的决定。但要获得相同的效果，赢得顾客的喜爱，你的目光必须要超越决定本身，并拥有决定的基石。决定的核心意图是什么？领导者和员工做出这样的决定是出于什么样的动机？在本书中，我们将研究每一个决定背后的意图和动机，这样你就可以看看你的公司如何才能做出影响顾客和员工的决定了。

一些决定让大家和公司之间建立了情感纽带，这些决定的背后存在着意图和动机（即"是什么"和"为什么"）。Lands' End 公司为什么会提供商品退换保证？公司创始人加里·科默告诉我说，他的意图首先是向公司内部的员工传达一条强有力的讯息。他说："退换保证意味着我们要按照顾客的要求来做事。"他的动机是什么？就是让公司内部员工有一种负责任的心态，促使他们做出对顾客更有利的事情。他不想用规章制度来约束员工。退换保证成了一系列和产品质量、服

01

构成了受欢迎公司的脊骨

心和习惯的结合，

务以及经营有关的决定的纲领。为什么我们会着力宣传简单的退换保证？我们的意图就是让顾客安心，在和顾客的每次互动中，这个意图都被明确地传达到了公司的上上下下。邮购服务当时尚处于发展的早期阶段，顾客需要知道我们是值得信赖的，在我们的商品目录中，退换保证就是一项硬性的规定，没有"如果"、"但是"一说。

在本书的每个案例中，对决定背后的动机和意图我都进行了解释。如果驱动你的意图（你要实现的目标）和动机（你做决定的原因）的，是你的决定会影响到的人的行为和感受，那么决定带来的结果就会使你在同类公司中独树一帜。你的决定中包含的人性和情感因素，会成为你和顾客之间的情感纽带。这些顾客还会向认识的人讲述他们在你的公司所经历的故事，从而推动你的业务增长。

我第一次经历这种大智慧的决定是在 Lands' End 公司。这些决定激发了 Lands' End 独特的企业文化，无论是初期只有少量员工，还是后来拥有数千名员工。它们所激发的不寻常的、充满善意的行动，标志了我们在世界上所处的位置。当把其他文化的东西移植到 Lands' End 的时候，大家只需要开几次会，就知道应该为要做出的决定培养哪些行为和习惯了。

我们不止精通生产、拣货、包装、整理和运输业务，我们是什么样的人，也明确体现在做事的方式之中。我们的决定反映了我们的人性。这些决定都遵循这样的原则，即："对顾客来说正确的事情，对我们所有人来说都是正确的。"

Lands' End 发生的一起事件表明了我们在履行这一承诺上的态度。在出售了数千件毛衣给顾客之后，他们在质检过程中发现有些毛衣存在缺陷。没有等顾客找到公司，他们就给每一位买了毛衣的顾客发信说："我们之前发给你的毛衣可能有点问题。当时不知道，但现在发现有部分毛衣达不到我们的质量要求。我们想确保你收到的毛衣是好的，所以如果你想更换毛衣，就给我们打电话。不用退回之前那件毛衣了，算是我们赠送给你的。"在信件的末尾，我们的签名一直都是"你在 Lands' End 的朋友"。这个签名具有非同寻常的意义，他们的确是把自己当作了顾客的朋友。

对我们来说，"顾客"很神秘，因为我们通过电话或邮寄方式接受订单，并没有和顾客面对面地接触。我们想象他们的日常生活，想象他们在挂了订货电话之后的感觉，想象他们为送货员打开门，以及他们穿上一件新的高领毛衣时的感受。装着衣服的盒子送到顾客家中时，应该为他们创造一种情感体验，我们对于这一点非常重视，顾客打开盒子时的感受就是我们的成绩单。

这种承诺给我们提供了一个"活的"公司手册：它的影响远远超过了任何印刷在纸张上的"以顾客为中心"的声明。我们学习如何为顾客着想，而公司信任我们可以在自己的岗位上做出正确决定。相信员工能做出对顾客来说正确的事情，这种内部信任在如今的商业世界中十分少见。它不是通过政策来进行言传，而是一种身教。

让员工相信公司的承诺，要激发员工做出正确的行为，这是唯一的方式。

你得先提出正确的问题

做出正确的决策，讲一个让你自豪的故事，这始于自我认知。你要提出正确的问题，审视当前的决定，并了解它们将揭示怎样的故事，你也必须知道应该为将来做哪些重要的决定。

达尔文·史密斯是金佰利公司 1971 年到 1991 年期间的首席执行官，他被很多人认为是"史上十大首席执行官"之一。吉姆·柯林斯在他的著作《从优秀到卓越》中介绍了史密斯如何通过提出问题和解决问题，将处于困境中的金佰利转变为全球业绩最好的纸品消费品公司。

史密斯在1971年成为金佰利的首席执行官时，曾努力思考过要把公司带往哪个方向。当时史密斯住在威斯康星州的农场里，他常常在寂静的夜里一边考虑这个问题，一边开动锄耕机挪动岩石。他的妻子路易斯每当半夜听到锄耕机的刮擦声时，就知道他又在思考公司的事情了。

搬动岩石没有给史密斯带来答案，而是给他带来了问题。他向公司的领导团队和员工提出了这些问题：金佰利应该代表什么，它可以因为什么事情而闻名，以及它如何才能获得财务上的增长。

这些问题的答案向达尔文·史密斯讲述了金佰利的故事。史密斯了解到是什么样的决定和行动让公司成了当时的模样。从这些答案中，史密斯也意识到了他需要采取什么样的行动才能把公司带到一个新的方向上。这些问题的答案，让史密斯迈出了带领金佰利走上成功之路的第一步。

这本书就是一个问题集，帮助你了解你公司的故事

顾客为什么「粉」你

FIVE
DECISIONS
THAT
DRIVE
EXTREME
CUSTOMER
LOYALTY

向前迈进的第一步，就是回顾你做出的跟顾客和员工相关的决定，正是这些决定让你处在现在的位置上。而这本书是你的跳板。

本书将带领你走上发现之旅，就像达尔文·史密斯移动岩石，发现问题那样。在他的旅程中，史密斯完成了3件事。首先，他确定了他要问的真正问题是什么。其次，这些问题的答案告诉了他金佰利的故事。然后，这个故事引导他找到了行动的方向。

本书的发现之旅，将让你了解你的决定会如何影响你跟顾客和员工之间的关系。为你提供了一些问题，询问你自己和你的组织应该如何改变方向，如果你的方向需要改变的话。5个章节，逐一探讨受欢迎的公

司所做的 5 个决定，且每章会举出 8 至 10 家公司的例子，讲述他们是如何将这种决定运用到业务经营中的。在介绍每个决定的时候，我还会提出一些问题，从而帮助你思考相同情况下你会做出什么样的决定。

这些问题还会帮助你理解决定背后的意图和动机，让你与受欢迎的公司做比较。因为那些受欢迎公司的决定，其意图和动机能够引起员工和顾客的共鸣，从而带动公司的成长和繁荣。从这些问题的答案中，你会了解到外面的人是如何看你的公司的。将本书中所有问题的答案合在一起，就是一个"你是谁，你看重什么"的故事，这个故事是你做出的所有决定以及它们导致的行动构成的。

最后一章则列出了本书中所有的问题，你可以依此来诊断你的组织的优势，看看你的经营决定告诉了你们什么故事。

成为一家受欢迎的公司所带来的影响

明智的决定，无疑会给公司及员工和顾客带来良好的影响。这种影响又似乎总能返回到"发送者"那里，即回到做出这些决定的人那里，并且在财务上体现出来。那些受欢迎的、兴旺发达的公司最有力的武器之一，就是有一条清晰的决定路径。受欢迎的公司和他们的顾客及员工之间存在着一种个人联系，这是一种真实无虚的联系。在接下来的章节中，你会看到正确的决定是如何给公司带来大幅业务增长和良好财务收益的。

受欢迎的公司做出的决定会引发一些行动，这些行动把人们吸引到他们那里。员工会留下来，并且会变得越来越有价值；顾客则会形成一支宣传大军，帮助公司获得良好的声誉。

能留住快乐、敬业的员工

招聘员工的成本较低，而且员工都很敬业，这是受欢迎的公司的共性。康涅狄格州德比的格里芬医院因善待病人和员工而深受大家的爱戴。2008 年，当这家医院有 44 个岗位需要招聘员工时，申请人数达到了 6483 人。医疗保健行业本来就缺乏高素质的员工，这一数字更加证明了格里芬医院在就业市场上的吸引力。

食杂连锁店文曼斯食品市场相信卖场员工可以坚守"不让任何顾客带着不满意离开"的承诺，在近 6000 名文曼斯员工中，大约有 20% 的工龄在 10 年以上，而且这家食杂连锁店每年还会收到超过 15 万份工作申请。受欢迎的公司决定让员工们知道："我们尊重你，你对我们的生意很有价值。"

顾客是他们最大的支持者，并参与其中

汽车共享公司 Zipcar 的顾客为"他们的"汽车制作了 200 多个视频，并上传到 YouTube 上。Threadless.com 在 2004 年底还只有 7 万名成员，到 2008 年时成员已经达到 70 多万，增长了 10 倍。该网站的顾客提交 T 恤衫的设计，并投票决定生产哪些 T 恤。哈雷车主会于 1983 年成立，现在已有会员 85 万，其中很多人都把哈雷—戴维森的标志文在自己的身上。

几乎所有这些公司都有由虔诚的追随者建立的"粉丝"网站。比如宜家的粉丝在 ikeafans.com 上赞美节俭的、创造性的家居装饰方法。zipkarma.com 和 lushies.com 上的顾客则聊他们喜欢的产品，给经常出没于这些粉丝网站的公司员工提供建议和反馈。2001 年"911"恐怖袭击事件后，西南航空公司收到了数以千计的顾客邮件。这些顾客想确认西南航空仍然会经营下去，以便他们能够继续乘坐这家公司的航班。很多顾客在信件中附带了支票，有些顾客还退回了他们收到的旅行优惠券，以示对西南航空公司的支持。

顾客请求他们开分店

有很多顾客请求乔氏超市公司总部在他们的社区里开一家分店。

我在互联网上搜索了 30 分钟，就发现了来自缅因州波特兰市、华盛顿、田纳西州纳什维尔、加利福尼亚棕榈泉和纽约奥尔巴尼的请愿书。领导这个运动的是奥尔巴尼的布鲁斯·罗特尔，他曾收到乔氏超市的一封回信，说是没有开新店的计划，但罗特尔并没有因为这个打击而却步，他和请愿委员会的其他人给乔氏超市发去明信片，明信片上是他们居住地的照片，他们还用箭头标出了自己心目中的乔氏超市的位置，让该公司了解乔氏超市对他们来说多么的重要。在巴尔的摩，请愿者们在《巴尔的摩商业杂志》上发表了一封公开信，标题是《拜托，拜托，请在巴尔的摩开家店》，请愿信下面居然附有 2000 个签名。

在他们开业时顾客蜂拥而至

宜家的新门店开业时，蜂拥而至的顾客经常会引起交通拥堵，而拥挤的人群往往需要数十名警务人员前来协助维持治安。2007 年 11 月，宜家的新店在佛罗里达州奥兰多市开业时，有些顾客甚至在商店前搭起帐篷等待了 48 小时，开业的当天，有 350 名员工为数千名进入商店的顾客提供服务。

2008 年 9 月，Zara 在芝加哥市郊的斯科基开了一家新店，当时是零售业最为萧条的时期之一，Zara 没有打广告，仅仅只靠口碑宣传就吸引了成群结队的女性顾客。这是芝加哥地区的第一家 Zara 门店，有些人甚至请了假，开了几小时的车前来购物。Zara 的顾客热情洋溢地传播该公司的故事，推动了公司业务的增长。2007 年 9 月乔氏超市在华盛顿州贝灵汉开业时，有 2000 多人在开业当天购买了商品。

顾客推动他们的业务增长

2008 年 8 月，Zara 取代 Gap 成了世界上最大的服装零售商，这是 Zara 决定用流行的、不断变化的服饰来吸引顾客的结果。Zara 在设计、制作和销售上做出的决定，不仅让 Zara 能够以较低的价格提供服饰，也让他们的顾客渴望买到更多的服饰。

Zappos.com 是一家互联网服装和鞋类零售商，由于他们坚守自己的核心，坚持自己在网站刚起步时做出的决定，其商品销售总额从 2000 年时的 160 万美元增长到了 2008 年的 10 多亿美元。

技术型公司通常被认为和"服务"关系不大，但是当他们下决定把信念和习惯联系到一起时，这样的公司也可以获得令人羡慕的增长和盈利能力。网络服务公司 Rackspace 就通过践行这样的决定获得了 50% 的年增长率。这些公司的共同点在于他们做决定的方式：把自己和顾客连接到一起，而你当然可以在你自己的公司中做出这样的决定。

顾客非常愿意与他们保持个人联系

Zappos.com 首席执行官谢家华在 Twitter 上拥有数十万关注者。为什么人们要关注他呢？因为他们知道谢家华会在 Twitter 上发消息，他们喜欢关注他的日常生活。Zappos 粉丝每天涌上互联网，看看他什么时候会发消息，然后进行评论和回复。近日，一封给 Zappos 的"情书"出现在一个名为 suggestionbox.com 的网站上，上面说："致 Zappos：继续做你正在做的事情。我爱 Zappos 以及 Zappos 免费、快速的送货方式。"Zappos 回答说："我们也爱你！感谢您抽出宝贵的时间写了这条评论，它让我们非常开心！"

露诗化妆品公司的创始人马克·康斯坦丁经常与世界各地的粉丝在他们的公共论坛上对话。粉丝在论坛上提供反馈信息，讨论产品使用体验，请求保留原本计划被淘汰的产品，并聊他们生活中的一些话题。我上次统计的时候，LUSH 的北美论坛上有 1,158,396 个帖子。

顾客为什么「粉」你

FIVE
DECISIONS
THAT
DRIVE
EXTREME
CUSTOMER
LOYALTY

用这本书来指导你的决定，表明"你是谁，你看重什么"

当顾客因为你做的事情和你做事的方式喜欢你时，他们会传播你的故事。他们希望大家了解你，了解你的行动和决定，会自豪地催促其他人去尝试他们喜爱的公司。喜爱你的顾客会帮你做宣传，这种宣传的效果当然比你自己做广告要好。他们会推动你的业务增长。

要成为"受欢迎的公司"，你需要做出哪些决定

受欢迎的公司做出的 5 个积极的、有意义的决定，激励和指导了他们的行为：他们决定相信别人，他们通过明确的宗旨来做决定，他们决定做真实的自己，他们决定为顾客提供支持，他们决定在出现问题时道歉。这 5 个决定看上去如此简单，以至于掩盖了必需的严谨和热情。所有受欢迎的公司都做出了充满人性的决定，这些决定确定了他们的业务方向，帮他们赢得了顾客的忠诚，也赢得了顾客们传播他们故事的权利。

请利用本书案例中的决定来理解你的决定背后的动机和意图，并将它们和那些能引起员工和顾客的共鸣、推动业务增长和繁荣的决定做比较，从而做出选择。你如何做决定？决定什么？你想要你的故事表明你是谁，你看重什么？请在这些问题上做出积极的决定。

决定权在你的手中！

02

"我相信你"意味着尊重

让我看看你对哪些人表现出尊重，因为这可以让我更好地了解你是什么样的人。因为这显示了你对人性的看法。

托马斯·卡莱尔
（THOMAS GARIYIE）

我们用"我相信你"这4个字表达对别人的尊重。我们放弃了控制权，把它交回给对方。在受欢迎的公司里，人们决定相信别人；信任和信念是他们关系的基石。通过信任顾客，他们摆脱了多余的规则、政策和官僚机制，因为这些东西会在他们和顾客之间竖立屏障。受欢迎的公司决定相信员工能够也愿意做出正确的事情，这不仅减少了猜测，减少了每一步都进行检查的需要，也避免了把员工降格为只会干活的苦力，相反，这种信任让员工充满了活力，能够分享想法，并且愿意留下来。

> 我们用"我相信你"这4个字表达对别人的尊重。

相信别人，信任别人，并将这种信任传递给顾客和员工，这之中具有一种能量。我曾在 Lands' End 公司里感受过这种能量。当时我对它的描述是"就像家一样"。对于我和其他员工来说，这意味着身处一个可以让我们感到无条件被爱护的地方——它鼓励我们表现出自己最

「我相信你」意味着尊重

好的一面，以自己能达到的最高水平来工作。我们感受到被人信任，被人期待有好的表现，我们也努力达到这样的期望。"提供机会让你发挥出你的全部潜力"，这是麻省理工斯隆管理学院在《职场中的灵性研究》中对这种难以言表的感觉的定义。当我们的智力、创造力、感情和幽默融合在一起，毫无保留充盈在行为中时，我们感知到了自己的全部潜力。他人对我们和我们能力的信任推动着我们达到这种状态。

一般情况下，大家往往觉得好牌都掌握在公司手里。作为员工，我们按照公司的规章制度来行事，这些制度部分规定了我们的一举一动。作为顾客，又担心自己不知道公司的政策，或是担心我们没有遵守这些政策，更糟的是，感觉公司不会相信我们。

比如，你买了一件耐磨损的衬衫，觉得不合适想退货。当你把装着衬衫的袋子交给柜台的店员，店员打开袋子看了它一眼，这时你会产生一种非理性的恐惧情绪，本能地想要为自己的退货行为辩护。这是因为作为顾客，我们的预期是自己不会被信任。再举一个例子，假设你驾驶汽车，你的孩子在后座上玩。由于孩子的举动让你有点分心，眼睛离开了路面一会儿，结果你撞上了前面的一辆车。这时你给保险公司打电话，你已经为这种事故支付了几年的保险费。但是这时你会如何反应呢？通常你首先担心的是损失得不到赔偿，其次你会担心保险公司的车险理赔部门不会相信你说的话。

然而，受欢迎的公司知道，大多数人都会努力做正确的事。所以他们决定相信别人，他们既相信自己的员工，也相信自己的顾客。

受欢迎的公司决定相信别人

"我们相信我们的顾客，相信那些为他们提供服务的人。"

信任最有力的证据就是信念，"我相信你"指的是"我信任你"。

受欢迎的公司决定相信别人。他们相信顾客，也信任那些为顾客提供服务的人。每家受欢迎的公司都做出了和顾客相关的重要决定，这些决定成就了他们在市场中的位置。"先培养员工队伍"就是这些决定中的一个，这就是为什么很多受到顾客喜爱的公司也受员工爱戴的原因，这也是这些公司为什么成为了最佳雇主的原因。

你能给善良标价吗？能给见义勇为标价吗？不能。但市场是按照人们获得的收入来衡量职位的价格的。一位护士助理的时薪在 9.93 美元左右。艾琳·亨德森是一位经过认证的护士助理，在浸信会医疗机构工作。艾琳发现有个患者的健康状况在不断恶化，部分原因是她的生活环境不太好。于是艾琳抽时间去这位患者家里探访，为她送去生活必需品，有时为她买新香皂，有时为她送去新窗帘。每次与这位患者接触，艾琳都会给她带去一种温馨的感觉，而这增加了患者和病魔做斗争的决心。为什么有人会在自己也不富裕的情况下有这样的行为呢？是什么激励一线工作人员超越岗位职责，付出更多的心血和精力呢？

浸信会医疗机构提升患者尊严的行动开始于这个决定：提升那些为患者服务的人的尊严。这是因为浸信会决定相信那些和患者及其家属最接近的人，并且在这个决定的指导下聘用和培养雇员。是这个决定背后的意图和动机让医院在护理人员中建立起了信任。浸信会医疗机构认为"记忆创造"——即创造不可磨灭的、让人想做出回报的善意——是最有效的，正是这种信念让善意得以传递。当浸信会医疗机构用这样的信任和信念来对待一线护理人员时，这种行为就转化为对患者的日常善行，这些善行虽然简单，却是不同寻常的英勇之举。

> "提升患者的尊严……开始于提升那些为他们服务的人的尊严。"

受欢迎的公司也愿意相信顾客。通过信任顾客，他们把控制权交回给了顾客。这些公司把制度和规定放在一边，用"相信顾客一般会做正确的事情"这个信念来经营业务。赞恩自行车店是一家位于康涅狄格州的零售店，只有一家店铺，每年的自行车销售额却高达1300万美元。顾客只要退回自行车内胎，这家商店就会进行调换，而且从来不提任何问题。这种退换政策的基础就是信任。

格里芬医院是康涅狄格州的一家地方级医院。这家医院尊重医护人员的天性，在医患之间建立了一种开放而诚实的关系。为了鼓励医护人员帮助他人的天性，格里芬甚至打破了一些由来已久的为医院提供保护的惯例。比如说，他们决定冒着潜在的法律风险，把医疗记录开放给患者及家属查看，因为有些人可能会从中受益。格里芬医院相信这些家庭有着善良的品质。在戒备感较强的医疗行业中，格里芬选择了用信任来指导医院的经营。那些最受喜爱的公司会对顾客开诚布公，消除抑制因素从而激发员工的想象力，让他们尽可能地把工作做到最好，因为他们得到了信任，公司相信他们可以自己找到解决问题的办法。所以毫不奇怪，人们愿意在这样的公司里工作，因为这样的公司会因为他们帮助别人而提供支持，而这里的基础就是信任和信念。

格莱珉银行甚至相信贫穷的顾客也是可以信任的，带着这个信念，他们帮助孟加拉国数百万的贫困人口（最近也开始帮助移民到美国的贫困妇女）摆脱了困境。格莱珉银行的信念开始于1974年，当时银行创始人穆罕默德·尤努斯是孟加拉吉大港大学的一名经济学讲师，他借了27美元给42名孟加拉村民，让他们购买材料来制作家具。这些村民没有给尤努斯提供任何抵押品，但是由于借款金额非常小，尤努斯也并不担心。不过这些村民因为得到信任而非常感激，最后一分不差地偿还了借款。

当时饥荒和贫穷正在孟加拉国肆虐。尤努斯借给这些村民的一小笔钱，让他们摆脱了勉强糊口的困境，有了控制自己生活的自由。如此少量的金钱就能对村民们的生活产生如此显著的影响，这给了尤努斯启发。他恳请本地银行帮助他为穷人们提供贷款服务，银行依照经营原则拒绝了他。银行不能也不会借钱给穷人，因为他们不信任穷人。尤努斯决定信任贫困的村民，因此他自己创办了格莱珉银行。

格莱珉银行奉行的原则就是信任。它有一个称为"小额信贷"的金牌产品，涉及村民之间的相互信任和小团体问责制。由5名成员组成的小团体必须一起来格莱珉银行申请这种贷款。它的原则是，个人应该对集团负起责任。小团体里的两名成员会获得贷款，但只有这两名成员偿还了本金再加上6个星期的利息后，该团体的其他成员才有获得贷款的资格。这种贷款不需要提供抵押品或签订法律文件。格莱珉的贷款对象大多是妇女（占98％），贷款的目的是改善借款人的生活。为了达到这一目的，借款人必须承诺采取16条可以改善生活的措施，其中"我们会送孩子上学"这一条使得格莱珉顾客的子女入学率达到100％。格莱珉银行把人的尊严和荣誉作为了抵押品。

2008年，有730多万孟加拉人从格莱珉获得了贷款，而且该银行开始在纽约为贫困移民妇女提供贷款。格莱珉银行的信念让他们获得了回报，贷款的还款率是99％，这证明了信任的力量可以为人们的生活带来多么大的改变。

相信别人，可以释放组织中的正能量

下面介绍一些公司做出的决定，这些公司来自不同的行业，比如医疗、电子商务、金融服务、零售、杂货店、快餐店、制造和科技行业。你可以看出他们的决定背后的意图（他们想要获得什么样的成果）和动机。

在揭示意图和动机的过程中，有一点十分清楚，即这些公司区别于传统做法，不会用一套规章制度来限制顾客和员工。在制造业中，工人和管理人员之间的摩擦几乎是不可避免的，但做出建立伙伴关系的决定可以减少这种矛盾。这里的信念是：人们可以达成共识，工人和管理人员一同努力比他们彼此隔阂力量更大。在大多数快餐店和杂货店中，员工的流动率较高。而受欢迎的公司决定，工作人员的挑选是他们最重要的工作之一。他们的信念是：一旦招到合适的员工，就要信任这些人并激发他们的热情。在医疗行业，医院让患者及家属查看医疗记录，这有助于消除员工对爱争吵的患者的恐惧感。这种信念就是：信任是相互的。

在每一个案例中，公司都没有采取怀疑主义的态度。他们减少了规则，他们相信：

- 他们聘请的员工有良好的判断力。
- 公司和顾客之间的信任是相互的。
- 顾客的诚实和正直。
- 尊重员工的智慧会给公司带来业务上的增长。

顾客为什么「粉」你

FIVE
DECISIONS
THAT
DRIVE
EXTREME
CUSTOMER
LOYALTY

通过决定相信别人，你可以释放组织中的哪些能量呢？而使用规章和制度又会向顾客和一线员工传达多少猜疑的信号呢？你准备好给政策"减肥"了吗？通过决定相信顾客和员工，你的生意会变得更加兴旺。决定相信别人是受欢迎公司的核心，拥有做出这种决定的能力，则是建立受欢迎公司的基础。

下面介绍的这些公司的决定，说明了简简单单的"相信"可以而且也应该存在于公司中。我希望这些故事可以激励你，给你带来启发。在每个决定介绍结束之后都会有一个"挑战"页面，它向你和你的组织提出了一个问题，让你停下来思考你现在的"相信状况"，你以后想达到的"相信状况"，以及你如何把你相信的东西融入到你的业务经营之中。

决定权在你的手中！

格里芬医院决定：把医疗记录开放给患者查看

决定的意图：尊重患者看到自己信息的权利

格里芬医院希望和他们的"顾客"——患者之间开诚布公。医疗行业中的惯例只是告诉患者及家属一些经过挑选的信息，而这往往让他们有一种任人摆布的感觉。这种做法让顾客失去了权力，同时也让医生拥有了权力。格里芬医院决定调整这种不平衡的状况，在医院和患者/家庭之间建立一种伙伴关系，所以他们决定向患者及家属提供医疗记录。

动机：纠正多年来不平衡的医患关系

格里芬医院把医疗记录提供给患者，这种做法表明了医院跟患者及其家属之间一种平等的伙伴关系。格里芬医院想纠正多年来让人们觉得不平衡的医患关系，因此他们采取了具体的措施：把医疗记录透明化。院方知道的一切信息，患者和家属也都可以了解到。所以格里芬医院的患者可以把他们的医疗记录当作是"自己的"，想看多久就看多久，而且还可以请医生对记录做解释，甚至可以对自己的心电图发表意见。

影响：伙伴关系和信任取代了恐惧和怀疑，诉讼案大大减少

医生们曾经担心，患者有了这些信息会引起医疗诉讼案的增加。事实则完全相反，这个决定大大降低了格里芬医院的医疗事故索赔率。患者及家属乐意与医务人员合作。格里芬医院向患者及家属提供医疗记录之后，该院的医疗事故索赔案数量减少了大约43％，从该政策1996年制定时的32％下降到2005年的18％。值得注意的是，索赔率的降低是在格里芬医院获得巨大增长的同时出现的。在这段时间，出院患者的数量增加了40％——本来这种增长通常会带来索赔案数量的增加。医院的做法中止了医患之间互不信任的恶性循环。医院信任患者可以正确对待他们的病历记录，这也促进了患者对格里芬医院的信任，并最终推动了医院的发展。

你也可以用这个简单的姿态向顾客表示你对他们的信任，相信他们会回报以同样的信任。

你对
顾客
开诚布公吗?

你是否隐藏着一些可以给你带来权力的信息?

你是否知道这样一些信息:如果顾客知道和理解它们,顾客会从中受益?

你是否认为,如果你信任别人,别人也会信任你?

"我相信你"意味着尊重

货柜商店决定：与全体员工分享董事会财务信息

决定的意图：员工感觉到也表现得像是公司的合作伙伴

货柜商店为顾客提供了"超级舒适"的零售购物体验，它在全美有47家门店，在德克萨斯州科贝尔还有一个配送中心，员工总计达3000多名，每个员工都知道该公司的详细财务信息。货柜商店的雇佣理念是"一个顶仨"，所以一旦新员工进入该公司工作，公司就会把他看作是合作伙伴。公司对员工做出的这种承诺相当于绝对的信任。货柜商店董事长兼首席执行官基普·廷德尔称："货柜商店的目标是让所有员工获得跟高管一样多的信息。"为了实现这个承诺，货柜商店每年两至三次将一册长达30页的盈亏财务信息分发给公司的每一位员工。

动机：开放式沟通激发了员工的热情并借此建立了伙伴关系

廷德尔说："想要留住员工，并让他们敬业爱岗，方法就是跟他们沟通所有的事情。"知道了大家的努力对全公司的经营业绩有什么样的影响，以及整体业务经营状况如何，员工们就会明白每一个人是如何影响到公司发展的。配送岗位的员工对公司的支持，就是及时地送货；店面员工的贡献，则是提供良好的顾客体验；办公室人员负责推出有创新性的产品，吸引顾客进入店铺。大家一起合作，推动了公司的发展。员工对投入到每个部门的资金及整体经营状况都十分清楚，这使得部门与部门之间、员工与员工之间紧紧联系在了一起。

影响：员工希望留下来为公司的发展努力

通过创造一种充满信任感的环境以及对员工进行培养，货柜商店成功地创造了吸引回头客的零售体验。该公司的员工流动率只有15%，稳定的员工队伍为货柜商店自1978年以来每年两位数的增长做出了贡献。公司在2008年实现了5.77亿美元的营收，而这跟充满活力和激情的员工队伍是分不开的。

你能通过这种方式，即对员工充分尊重来吸引回头客吗？

顾客为什么「粉」你

FIVE DECISIONS THAT DRIVE EXTREME CUSTOMER LOYALTY

你为
信任
添砖加瓦了吗？

你可以采取哪些行动，取消哪些规章，向员工表达你对他们的信任呢？

受欢迎的公司抛弃了规章制度。你能吗？

"我相信你" 意味着尊重

戈尔公司决定：保护顾客，而不是自己

决定的意图：让员工进行自我激励，而不是强行要求他们如何表现

用戈尔公司的产品制成的服装可能正挂在你的衣柜中。当你购买滑雪外套或雨衣时，几乎不可能不注意到"GORE-TEX"的标签。戈尔公司还生产牙线、吉他琴弦、手术产品以及很多其他类别产品，其经营范围远远超出了大多数人的了解。由于其出色的创新能力，戈尔公司被《快速公司》杂志称为"在规模相同的情况下，美国最具创新力的公司"。而这成功的背后，是其创始人比尔·戈尔在公司成立之初就做出的决定：把重点放在公司内部员工做决定的方式上。决定"如何做决定"推动了戈尔公司的业务增长和不断创新。

决定的动机：把公司的创新文化长期保持下去

戈尔公司之所以能够不断创新，是因为它在决策过程中摒弃了等级、头衔和论资排辈的传统。公司创造了一种民主的决策过程。比尔·戈尔希望鼓舞员工士气的是他们取得的成就，而不是在公司权力斗争中获得的胜利，这样他们就会花更多的时间在创新上，而不是总想着如何保护自己，避免被别人抓到把柄。所以他决定采取一种"无组织"的方式来激发员工的创造力。他设想了一个"格子式"的结构，让人们通过交叉式的联系，而不是上下等级关系来展开工作。戈尔希望在员工展示自己的想法和把想法付诸行动的过程中会冒出一些"领导者"，他希望"权力"来源于点子和推销点子的能力。

影响：公司文化的长盛不衰和业务的增长

比尔·戈尔尊重并维护员工的创新，这种理念作为公司文化也确立了下来。戈尔公司相信员工在不被监管的时候可以表现得更好。民主决策机制和创新文化精神帮助戈尔公司发展成为了一个价值24亿美元的公司。自《财富》杂志评选"最佳雇主"以来的25年中，只有5家公司一直留在榜单上，戈尔公司就是其中之一。

你的公司建立了民主决策机制吗？民主决策可以释放员工的哪些能量和创新力？

你的
决策
民主吗?

在你的公司中，最好的点子能被采纳吗? 无论这些好点子来自哪里，它们有开花结果的机会吗?

「我相信你」意味着尊重

"我相信你"意味着尊重

赞恩自行车店决定：不要求顾客提供试骑抵押品

决定的意图：让潜在顾客了解赞恩的价值观

康涅狄格州的赞恩自行车店只有一家门面，却是美国最大的3家自行车商店之一。他们每年的自行车及其装备销售额为1300万美元。赞恩自行车店与顾客的关系完全建立在信任的基础上。比如，任何一天，你都有可能看到一辆价值6000美元的自行车被顾客推出门外试骑，赞恩的店员却没有要求顾客提供身份证照或任何类型的抵押品。经常会有顾客问："要我把驾照押在这里吗？"店员的回答始终都是："不用，祝您试骑愉快。"赞恩之所以做出这一决定，是因为他们想让潜在顾客知道，这个世界上有一家商店是信任他们的，这家店就是赞恩自行车店。车店老板克里斯·赞恩说："做这门生意不是为了保护自己。我们是在做跟人打交道的生意，而不是跟东西打交道的生意。这个决定有助于我们的员工理解这种区别，并据此采取行动。"此举给顾客带来了信心，让他们觉得自己发现了一个可以打交道的好商店。

动机：每个顾客的终生价值是12500美元，赞恩不想冒失去顾客的风险

赞恩自行车店决定践行它的信念，即绝大多数顾客都会选择做正确的事情。克里斯·赞恩说："我们计算过，每一位顾客的终生价值是12500美元。为什么要从质疑他们的诚信来开始我们和他们之间的关系呢？我们选择相信我们的顾客。"赞恩的很多新员工往往会提议说，顾客出去试骑自行车时由他们来保护顾客的钥匙或钱包，但克里斯·赞恩坚决不赞成这个提议。员工和顾客们意识到赞恩自行车店提供的是服务，而不仅仅是产品。这为员工如何与顾客互动定下了基调，让他们有了选择做正确事情的自由。

影响：信任是相互的，赞恩自行车店一年只丢失5辆自行车。

顾客们能够感受到赞恩自行车店的信任，而赞恩自行车店也从中得到了回报。商店每年销售4000辆自行车，平均只有5辆在试骑过程中被盗。赞恩自行车店认为不值得为了5个不诚实的人而改变整个公司的政策。相信顾客是好人的这种理念推动了店面的发展。自1981年开业以来，赞恩自行车店销售额的年均增长率为23%。

你可以对照赞恩自行车店看看你的公司的政策。试一试变更或取消那些"保护"自己而对顾客充满戒意的政策。

顾客为什么「粉」你

FIVE
DECISIONS
THAT
DRIVE
EXTREME
CUSTOMER
LOYALTY

034

你认为

顾客

是资产

还是成本呢？

重视顾客可以让你很容易地做出如何与他们相处的决定。

此决定可以让你的员工在与顾客关系的处理上做出正确的选择。可以让公司在顾客身上投资，而不是仅仅做一些成本管理工作。

乔氏超市决定：让员工和顾客的味蕾说了算

决定的意图：让顾客和员工有权力选择上架产品

在乔氏超市购物就像是进行一场"食品寻宝"游戏。当顾客看到泰式风格的饺子是"明氏"的，比萨饼来自"乔托氏"，而维生素是"达尔文氏"的（还能有谁？），他们会被这种玩笑逗乐。虽然这种做法很有趣，但乔氏超市的最高准则却是食品的味道。哪些产品能够摆上乔氏超市的货架，这是由公司在加利福尼亚州蒙罗维亚的员工品尝小组决定的。当办公室的钟声鸣响时，员工们就中断他们的"常规作业"，聚在一起品尝新到的一批食品，以便决定是否应该把这些东西摆上乔氏超市的货架。小组成员仔细品尝新食品，并进行充分的讨论，然后决定哪些东西可以过关。而这些食品一旦上架，就会开始迎接它们的终极测试——顾客品尝。一种食品是否能留在乔氏超市，这得由顾客们的味蕾说了算，拥有最后决定权的是顾客。

动机：通过让顾客参与和反馈来与他们建立情感纽带

对于哪些产品能上货架，公司相信员工的判断；对于让哪些产品能留在货架上，公司相信顾客的反馈。乔氏超市里的"品尝小屋"有大量的新产品和员工推荐的老产品供顾客品尝。如果新产品没能通过顾客品尝和购买的验证，它们的命运就是离开乔氏。乔氏超市会根据顾客的选择、反馈以及商品的销售额来对商品进行排名，排名靠后的10%会面临出局的命运。乔氏超市知道，公司的购物体验是建立在质优价廉的美食以及某些奇思妙想的基础上。

影响：每平方英尺的销售额是其他杂货店的3倍

通过相信顾客们挑剔的味蕾，乔氏超市与顾客们建立了密切的联系。在其他形式的社交媒体发展起来以前，乔氏超市就开始让顾客对超市的产品进行投票了。这种信念帮助乔氏超市成为了一家年销售额高达65亿美元的连锁杂货店，拥有忠诚的客户群，这些人不去其他任何地方购物，只去乔氏超市。乔氏超市门店每年约有3000种商品，而标准的花园式杂货店通常有30000种，但从每平方英尺销售额来说，乔氏超市是杂货行业中的翘楚。据估计，乔氏超市的每平方英尺销售额是1300美元，是超市业平均水平的3倍。

你与顾客 之间 **情感纽带的** 来源是什么？

当顾客体验你的产品和服务时，你会经常与顾客交流吗？你会吃你出售的食物，穿你店里的衣服，体验你所提供的服务吗？

如果把顾客当作研究和报告的对象，你就会滋生冷漠和怀疑。

CustomInk 决定：在网站主页上保留所有的顾客评论

决定的意图：用口碑吸引新顾客

CustomInk 每年为 100,000 多个团体和家庭印制 T 恤衫。每笔订单都会被分配给一位设计师，由他来亲自检查每件 T 恤衫的设计。这是为了避免当顾客打错字时，这些错字被印在顾客定制的 T 恤衫上。比如，在你设计的 T 恤衫上，一不小心把"年度"打成了"年席"，CustomInk 就会有专人审查你的设计，找出这种错误，免得你在收到货时痛苦地发现 1000 件 T 恤衫上都印着"年席长跑活动"。但 CustomInk 希望新顾客不是从自己的宣传中了解到这种服务，而是从老顾客那里得知他们的服务水平。所以，无论老顾客进行了怎样的在线反馈，都会一字不漏地出现在 CustomInk 的网站上。甚至，为了体现这些反馈的真实性，顾客打错的字也会原样保留。

动机：顾客应该有完全的知情权

CustomInk 的创始人马克·卡兹说："我们也考虑过对顾客的反馈进行清理，让它们看上去更像是推荐，但后来认为这种做法对顾客来说没有意义。任何公司都可以挑几个好评显示出来。而我们对评论不做删节，把它们全部都登出来，即使 100 个顾客中有 1 个不满意，反而显示了这些评论的真实性。"因此 CustomInk 押注在顾客的口碑上，由顾客来告诉顾客 CustomInk 是一个可靠的地方，你可以在这里为慈善活动印制 T 恤衫，也可以为爷爷的 100 岁生日派对印制全家人穿的 T 恤衫。

影响：从 2004 年到 2008 年，公司收入翻了两番

顾客的反馈推动了公司的发展。CustomInk 相信顾客会为公司说话，因此"裸登"了顾客反馈。这个勇敢的决定帮助 CustomInk 获得了自成立以来每年两位数的营收增长。2008 年，公司的营收从 2004 年的 1350 万美元增至 6000 万美元，翻了两番。这种增长大部分是有形的，是靠顾客的喜爱而不是风险资金来推动的。对于公司的 200 多名员工来说"要无愧于顾客的赞誉"的想法激发了他们的活力，而且员工们也希望在一家信任顾客的公司里工作。

你也可以考虑为顾客提供一个论坛，让他们在论坛上相互沟通，并说服彼此光顾你的生意。相信你的顾客会对你做出客观的评价，这的确需要一些勇气，但却是一种让公司重视顾客的反馈并积极解决顾客提出问题的有效方式。

顾客为什么「粉」你

FIVE
DECISIONS
THAT
DRIVE
EXTREME
CUSTOMER
LOYALTY

你敢
"裸登"
顾客写的评论吗？

你相信老顾客会公平公正地给新顾客提建议吗？

你会对顾客的评论进行删节处理吗？

你相信顾客会实事求是地写评论吗？

"我相信你"意味着尊重

文曼斯食品市场决定：不让任何顾客带着不满意离开

决定的意图：让员工自己决定怎么做才合适

文曼斯食品市场是一家有 37,000 名员工的杂货连锁店。该公司 2007 年的总营收约为 45 亿美元。文曼斯的增长推动器是激情、培训和信任。在传统的零售业中，一线员工有一堆如何为顾客服务的注意事项，而这可能会让顾客的购物体验变得很不自然。文曼斯想要取消这种幕后规则以及向经理请求权限的零售店惯例，因此公司决定，员工在接待顾客时无论遇到什么样的状况都可以自行做决定。在文曼斯没有规章制度，只有简简单单的一条要求：不让任何顾客带着不满意离开。

动机：受过训练的、可信任的员工会做出正确的决定

公司首席执行官丹尼·文曼坚信，员工在接受了大量的训练、有了足够的经验、明白了他们应该提供什么产品和服务的体验后，公司就应该信任员工能够自行做出正确的决定。文曼斯每年花在每个员工培训上的时间超过 40 小时。人人都有做正确事情的自然本能，文曼斯还提供培训，让员工掌握必需的技能，令员工能够将这种本能付诸行动。文曼斯不需要用管理层来监督员工的工作，只需要一线员工就可以了。而这意味着，当某位顾客的订单出现意外差错时，文曼斯的员工会赠送一个礼物给他；当一位女士买的火鸡太大，放不进她的小烤箱时，文曼斯员工会帮她加工烤制。

影响：员工年流动率是 7%，杂货业的平均水平是 19%

通过信任员工，文曼斯食品市场提供了丹尼·文曼称之为"心灵感应级别"的服务，这使得员工们想留在这个公司。同等规模的连锁杂货店的员工流动率是 19%，而文曼斯只有 7%，因此公司可以把本来会花在不断招募新员工上的资金用在员工培养上。而这也大大提升了公司的盈利能力：文曼斯的经营利润率是 75%，是其竞争对手的两倍，而其每平方英尺销售额比行业平均水平高出 50%。扔掉规章制度让文曼斯在物质和精神上获得了双丰收。无论是把鹰嘴豆罐头放好，还是清扫地面，文曼斯的每个员工都知道怎么做才能吸引回头客。

你也可以想想，你的规章制度中的哪些部分是可以去掉的？

你的
信任"水杯"
是半满
还是半空的?

你相信大多数员工会做正确的事吗?

你在管理少数人吗?

"福来鸡"公司决定："终生雇佣"

决定的意图：招聘有良好社会关系记录的人

福来鸡是一家以鸡肉三明治著称的连锁餐馆。在美国有1422家专卖店，大家太喜欢它了，以至于会在餐馆旁搭起帐篷露营，以便能及早吃到鲜美的鸡肉三明治。公司总裁丹·凯奇经常加入这样的通宵狂欢——既是为了分享乐趣，对顾客表达谢意，也是为了鼓舞那些在店内制作三明治的员工。福来鸡公司的秘密武器和专卖店里的员工以及他们是如何被挑选出来的有关。公司以"长期"为标准来选择员工，具体来说，就是公司会详细了解候选人已经从事过的一段活动，以及已经保持过的一段关系，因为这从某种程度上预示了他们以后在店中与其他人及顾客的关系会如何。

动机：有良好社会关系记录的人符合公司文化的要求，会被留下来

福来鸡公司认为，对于很多打工的青少年来说，公司既是在提供薪水，也是在提供一种福利。福来鸡致力于提供一个良好的环境，让员工可以在工作中成长，就像他们在生活中成长一样。因此他们甄选加盟者的标准是"3个C"：竞争力（Competence）指他们的商业敏感度和技能；特质（Character）指他们的价值观；化学反应（Chemistry）则是指他们"是否可爱"。招聘者会问自己，我们希望自己的儿子或女儿在这样的人手下工作吗？对此凯奇表示："我们会尽量不辜负这一名声。福来鸡公司会选择那些有良好社会关系记录的人。"

影响：福来鸡的可持续发展——员工流动率只有5%

"终生雇佣"听起来可能有点夸张，但对于福来鸡公司来说，这一承诺是其发展战略背后的秘密。鸡肉三明治和店内体验的可持续性依赖于那些留下来、并与顾客发展起良好关系的员工。因此福来鸡不惜花费大量时间来了解竞聘者的价值观和习惯，这样他们就可以长久信任加盟者，这种方法有助于业务的稳定和公司的成长。福来鸡的销售额在过去10年里几乎翻了两番。2008年，整个福来鸡系统的销售额为29.6亿美元，比2007年增加12%，同店销售额增长了4.6%。2008年，该公司新增了83家门店，门店总量达到了1,422个。

你选择员工的过程够严谨吗？你能确保你招到的员工跟你有相同的价值观吗？

顾客为什么「粉」你 FIVE DECISIONS THAT DRIVE EXTREME CUSTOMER LOYALTY

你是在招聘

合作伙伴，

还是在填补

职位空缺？

你会依据价值观来选择员工吗？

你想让今天入职的新人成为公司故事的一部分吗？

"我相信你"意味着尊重

哈雷—戴维森决定：与工会和员工通力合作

决定的意图：为可持续发展而合作

20世纪90年代中期，哈雷—戴维森的高管层决定跟两个工会——国际机械师协会（IAM）以及造纸、联合产业、化学和能源工人国际工会（PACE）——携手合作，建立互惠互利的伙伴关系。他们想通过伙伴关系从根本上改变经营方式，从而提高产品的质量。他们也希望哈雷—戴维森变成更好的工作场所。雇主和工会之间形成伙伴关系是一个具有里程碑意义的决定，它不仅让商业领导者和工会领袖开始共享领导力，也提升了哈雷—戴维森的创新能力，而市场对哈雷摩托车的需求也增加了。

动机：信任带来的责任和激情

为了提升哈雷—戴维森老厂的产量，同时为满足市场需求而建立一个新厂，公司和IAM／PACE工会的领导采取了一个伙伴关系行动。在此之前，工会和非工会工人之间似乎泾渭分明，互不参与对方的活动，但哈雷—戴维森决定打破这道屏障来提高产品的质量，并让员工变得更有活力。公司建立了一些以前从未有过的团队，把工会和非工会成员混杂在一起（其中很多人是一线工人），

让他们去组建位于德克萨斯州的新厂。这些团队不仅选择了厂址，还第一次参与了新员工的招聘。伙伴关系行动不仅提高了员工的工作效率，也减少了管理层的监督。

影响：哈雷—戴维森构建终身伙伴关系

杰弗里·布鲁斯坦是哈雷—戴维森的前董事长兼首席执行官，他说："通过合作，我们创造了一种环境，在这种环境中，每个员工都觉得自己受到了重视，感觉有人期望他们做出正确的决定以造福于公司。"这个决定为哈雷—戴维森的所有伙伴关系制定了原则。比方说建立牢固的经销商合作伙伴关系，让竞争对手难以从哈雷—戴维森手中夺走市场份额。如今哈雷—戴维森占据了美国49％和全球30％的重型摩托车市场份额。在一次调查中，有超过80％的哈雷车主都表示他们下次还会购买哈雷—戴维森摩托车。

你有让员工参与规划他们的工作吗？你如何对待你的合作伙伴？你有培养公司全体员工成为参与者吗？

谁在你的 会议中 占据一个 席位？

你对真正的伙伴关系尊重，并相信它的力量吗？

你有把整个公司的员工都培养成为参与者吗？

"我相信你"意味着尊重

顾客和员工怎么评价你的"相信能力"

相信，是一种尊重和信任，是让受欢迎的公司与众不同的一个独特之处。它让这些公司充满了人情味儿，让彼此之间形成了感情纽带。

你基于信任做出的决定表明了你对顾客和员工有多么尊重，显示了你在放弃怀疑心态时有多么勇敢，表现了你如何培养员工和顾客关系以使他们充分发挥潜力。你决定相信的东西定义了组织内部的精神，定下了你与顾客互动的基调。请在你的公司里搜索以下这些和相信能力有关的标示：

- 你相信一线员工能对顾客做出正确的决定吗？
- 所有的规则都是必要的吗？
- 你筛选员工的过程足够严谨吗？你信任他们吗？
- 你的公司与顾客之间存在着一种内在的信任关系吗？

信任你的员工和顾客，并不意味着盲目地相信他们。其中包含正确地筛选和培养员工，让他们能够在工作中发挥最大潜能；也包含建立起与顾客之间的相互信任，这可能需要分享那些有利于顾客的信息，即便你过去害怕提供这样的信息；还包含帮助顾客获得成功和发展，意味着抛弃那些破坏信任关系的愚蠢规则。这些公司相信他们的员工和顾客，和这些公司打交道你会感觉非常棒。这就是如何让这些公司和他们的员工与众不同的地方。你相信别人吗？

顾客为什么「粉」你

FIVE
DECISIONS
THAT
DRIVE
EXTREME
CUSTOMER
LOYALTY

你相信……

你雇佣的员工有良好的判断力吗?

信任顾客就会得到顾客同样的信任吗?

顾客的话具有真实性吗?

受到信任和做好准备的员工会让你的生意发展兴旺吗?

信任比规则重要吗? 培训比政策重要吗?

顾客是怎样形容你对他们的信任的?

你的员工认为你尊重他们吗?

你的故事:

你是如何信任别人的。

如果你创造一个环境,让员工能真正地参与进来,那么你就不需要对他们加以控制。他们知道该做什么,而且他们也会这样做。员工越是自愿地为你的事业尽心尽力,你需要的组织层次结构和控制机制就越少。

——赫伯·克勒赫,美国西南航空公司创始人

「我相信你」意味着尊重

FIVE DECISIONS

THAT DRIVE EXTREME

CUSTOMER LOYALTY

03

执着于有价值的目标

很多人都对"真正的快乐是如何构成的"有
一种错误的看法。真正的快乐并不是通过自
我满足获得的，而是通过对有价值的目标的
执着实现的。

海伦·凯勒

（HELEN KELLER）

那些受顾客喜爱的公司，那些真实而真诚，每天都在努力以避免落入"正常"商业惯例的公司，总能与他们的顾客之间建立起一种具有人情味的牢固联系。他们之所以能够做到这一点，是因为他们把大家凝聚在一起朝着一个共同目标前进，这个目标即是明确的宗旨。

受欢迎的公司不惜花费时间来强调他们工作就是为了让顾客生活得更好，还会把这个宗旨体现在他们的决定中。这些公司用明确的宗旨来指导决策并把员工凝聚到一起，从而把"执行任务"提升到"为顾客提供某种体验"的层次上；顾客不仅想再次享受这种体验，并且还会把它推荐给别人。

在高科技领域中，苹果专卖店在明确的宗旨指导下提供的店内体验已经吸引了大量粉丝。你认识的某个人就有可能在那里排队购买一个新发布的苹果产品，或是在店内的天才吧里进行咨询。连锁杂货店乔氏超市非常明确地专注在与顾客的个人互动上，以至于否决了购买扫描设备的提议——因为他们担心这些设备在扫描商品时发出的声音会干扰顾客与员工之间闲聊式的交谈。电子商务网站 Newegg.com 不会在顾客结账后弹出广告页面，因为他们不想用第三方合作伙伴的弹出式广告来破坏他们精心策划的顾客体验和购物印象，即便这会给他们带来一些额外的收入。

如果苹果公司当初决定在专卖店里应该有什么，不应该有什么的时候，没有花时间和精力进行思考，就不会是如今的样子。苹果公司决定，他们的专卖店将是人们体验苹果产品并结识其他苹果粉丝的沙龙；他们决定，苹果专卖店不是一个传统式的盒装软件商店，这样的决定把苹果专卖店变成了成千上万苹果粉丝的乐园。如果没有明确的宗旨，乔氏超市也不会成为顾客们购买杂货喜欢去的地方。乔氏超市的宗旨从一开始就很明确：顾客对该超市的印象应该包括他们与所有员工之间的温馨的、个人化的互动，无论这些员工是负责整理商品的店员，还是结账台的收银员。由于这个宗旨如此明确，任何对这种互动构成威胁的东西都会被扫地出门。对于大多数电子商务网站来说，顾客结账后的弹出式广告是一个获取额外收入的好办法，但 Newegg.com 表示："我们希望提供的在线购物体验不是这样的。"如果没有明确的宗旨，他们就不可能做出这样的决定。

受欢迎的公司通过明确的宗旨来做决定

"我们坚守的诚信和明确宗旨指引了我们决策的方向。"

基因泰克是世界上增长最快和最受推崇的生物技术公司之一，该公司明确的宗旨推动了其业务的增长。基因泰克员工对他们所拯救的生命以及其他患者的了解，促使他们对顾客做出正确的决定。而这也将他们的决定从"科学"提升到了"拯救生命"的层次上。

走进基因泰克的办公室大门，你可以清楚地感受到这家公司的宗旨。因为你面前的墙壁上挂着一些人物的面部肖像，他们是苏珊、保罗、凯莱、克里斯等等。欢迎来到基因泰克，一家"为了拯救生命而经营业务"的公司。苏珊、保罗、凯莱、克里斯都是患者，拯救他们让公司员工对工作充满了热情。画面上的这些面孔将员工们的工作跟他们最终将帮助的人联系到一些，他们的工作就是维持人们的生命。"为了拯救生命而工作"是这里每个人的责任，从科学家到销售人员都是如此。辛西娅·黄是基因泰克的一名销售员。当她谈到进入这家公司的原因时，提到了一名有两个女儿的乳腺癌患者。黄解释说："她希望看到女孩们戴牙套的样子，她希望在女孩们挑选舞会礼服的时候能在场。"基因泰克公司的员工正在努力工作来帮助患者能享有这样的幸福时刻。

每家受欢迎的公司都做出了一些关键决定，这些决定标示了他们在顾客心目中的位置。受欢迎的公司最初会有一个商业点子，但他们对"改善顾客的生活"这个更大的目标充满了激情，并且用这种激情来推动他们的商业发展。至于是出售电子产品还是食物，还是在拯救生命，这并不重要。对宗旨的执着，帮助他们继续前行，即使有时需要做出牺牲。受欢迎的公司会时刻为顾客着想，会坚持不懈，直到把事情做对。

如果强生公司没有在 1979 年反思并重新确定公司的宗旨，那么 3 年后发生的一起重大事件，他们就可能无法对企业危机做出最人性化的反应。1982 年，7 名芝加哥消费者因服用了强生公司生产的泰诺胶囊而死亡，原因是胶囊受到了氰化物污染。詹姆斯·伯克时任强生公司首席执行官，在悲剧发生时，他和他的团队迅速做出反应，立即承担起责任，从世界各地的商店召回超过价值 1 亿美元的泰诺产品，并迅速对消费者发出警告。尽管强生公司在这起事件中是无辜的，但他们没有把宝贵的时间浪费在归咎于他人上。他们所想的是"我们怎样才能保护大家？"他们在应对这一事件中做出的决定拯救了无数个生命，并让强生进入了全球最受尊敬的公司之列。

> 受欢迎的公司最初会有一个商业点子，但他们对"改善顾客的生活"这个更大的目标充满了激情，并且用这种激情来推动他们的商业发展。

在这起事件发生的 3 年前，伯克和他的领导团队召开了一场气氛凝重的会议，而正是这次会议让公司在危急时刻迅速做出了召回泰诺产品的决定。在这次重要的会议上，伯克指出，公司已不再把强生的宗旨视为指导决策的纲领，这种情况让人担心。

强生的经营效率相当高，但伯克担心，公司在核心业务的决策中没有主动考虑到由公司创始人定下的宗旨。这些宗旨包括"为母亲们和产品的其他使用者承担起更重要的责任。"据说伯克对他的领导团队说："我们的宗旨就在这里，如果我们不打算遵循它，那就把它从墙上撕下来好了。"

伯克提出的问题，大家在会议室里讨论了一个下午，而且全球各地的分支机构也都进行了同样的讨论。伯克和领导团队反思了他们做决定的方式，重新思考了强生宗旨的含义，以及如何将它融入到日常的决定和行动中。因此当泰诺事件发生时，他们有那样的反应就毫无悬念了。明确的宗旨和一贯的遵循已经为他们的行动铺平了道路，让他们可以迅速从全球各地的货架召回泰诺产品，并立即开展行动以避免更多的人丧命。

你的承诺是什么，整个公司都在始终如一地执行吗

明确的宗旨不能仅仅停留在受欢迎的公司的董事会议室里，它指导员工做决定，也让员工释放了做决定的想象力。难怪宗旨明确的公

司会拥有最忠诚、最敬业的员工。因为遵行明确的宗旨可以提升日常例行工作的层次，给工作带来方向感和喜悦感。

互联网服装和鞋类零售商 Zappos 公司有 75% 的日常订单都来自回头客。明确的宗旨让这家公司获得了顾客的喜爱，Zappos 希望成为一家为顾客提供服务的公司，只是这家服务型公司恰好也在卖鞋、手袋，以及其他产品而已。Zappos 做决定的滤镜是服务，这一宗旨让员工获得了在工作中按照"黄金法则"行事的自由。

> 明确的宗旨……指导人们做决定，也让人们释放了做决定的想象力。

Zappos 公司每天都会执行的一个决定是帮助顾客找到他们想要的那双鞋，即便是他们店里没有的鞋。接听顾客来电的客服代表需要了解竞争对手的网店，目的很简单，就是为了服务。如果顾客想要的鞋 Zappos 没有备货，客服代表就会到别的网店中搜索，帮助顾客找到他们想要的鞋。顾客一开始会非常惊讶，然后是高兴，并被这种真正为顾客服务的行为打动。

Zappos 的明确宗旨——做对顾客来说是正确的事情，就相当于是做了最终对 Zappos 来说正确的事情——超越了如果店里没有顾客要的鞋，就给他们推荐店里有的另一种鞋所带来的短期利益。Zappos 首先明确他们是一家服务型的公司，这为客服代表做决定提供了指南，让他们愉快地展示 Zappos 版本的《34 街奇缘》。你可能还记得那部名叫《34 街奇缘》的电影——梅西百货公司雇佣了一位圣诞老人，当梅西没有顾客想要的商品时，他就愉快地把顾客带到了梅西的竞争对手那里，这使得梅西最后成为了圣诞节销售旺季的"赢家"。仅仅是这么一个简单的决定，就让 Zappos 赢得了顾客的心，Zappos 的这种姿态让顾客喜欢上了他们。在缺货的时候把顾客带到竞争对手那里，这对顾客来说是一件正确的事情，顾客喜欢能够做出这种行为的公司。

> 在缺货的时候把顾客带到竞争对手那里，这对顾客来说是一件正确的事情，顾客喜欢能够做出这种行为的公司。

当在明确的宗旨指导下做决定时，任何一种生意都会兴旺发达。公司上下的人遵循你做出的承诺；顾客对你有感情，甚至希望别人也能享受你提供的服务。关于你的服务、体验和员工的故事会在坊间流传。顾客会成为你的销售员，把你的故事传播得人尽皆知，从而推动你生意的发展。

西南航空是一家既有人情味又有个性的低成本航空公司，他们给乘客带来的美好回忆吸引了无数回头客。顾客们不仅仅是再次乘坐他们的飞机，也是在重温他们提供的乘机体验。西南航空经营业务的明确宗旨体现在乘客们自己的评论中。不需要任何营销手段，西南航空的乘客就是他们的销售员。他们不仅谈论西南航空的服务，也谈论公司的员工——这些员工就是西南航空和乘客之间情感联系的媒介。下面是乘客在Yelp.com网站上发表的一些评论：

- "西南航空的乘务员非常棒，他们似乎从来不觉得工作辛苦，始终保持着幽默风趣。"
- "有人抱怨西南航空的开放式座位，但我很喜欢。先到先得，就像生命中的其他一切事情一样，如果你成长在一个大家庭中，你就会明白这一点的。"

顾客为什么「粉」你

FIVE
DECISIONS
THAT
DRIVE
EXTREME
CUSTOMER
LOYALTY

记忆是品牌的通货，你会对顾客的回忆不管不顾吗

有明确的宗旨意味着你对"为顾客提供什么样的体验"有一个定

义，意味着你明白你想要顾客有什么样的回忆，并且做出决定让你的员工和服务为提供这种回忆有所贡献。记忆创造——创造顾客对体验的不可磨灭的记忆，就是你的品牌的特性。受欢迎的公司不会对这种记忆坐视不管。

受欢迎的公司和其他公司的区别就在于，前者有明确的宗旨，而宗旨让他们有一个目标，让他们的境界从"执行任务"上升到"提供与顾客的生活相连的连接点"的层次上。明确的宗旨扩展了工作的定义——从"制造药品"扩展到"拯救生命"，从"售房"扩展到"实现美国梦"。有明确宗旨的公司，可以把以任务为导向的决定转化为能够自我提升的层次，让他们与众不同。受欢迎的公司中：

- 在明确宗旨的指导下，决定是把公司和人们连接到一起的方式。
- 明确的宗旨提升了组织中每个人的工作境界。

下面的案例可以帮助你了解，明确到哪种程度的宗旨会指导你的决定，这样你就知道关于你的故事有多少个不同的版本在被人们传播。无论你的公司属于哪个行业，只要你有明确的宗旨，并用它来指导你，你的公司就能蓬勃发展。

决定权在你的手中！

苹果决定在其专卖店里开设"天才吧"

决定的意图：以一种温暖而迷人的方式提供技术咨询

在为苹果专卖店做规划时，公司将它设想成为一个让人们聚集在一起体验产品以及服务的地方。苹果公司负责零售的高级副总裁罗恩·约翰逊这样描述他的设想："我想象它是一家向所有人敞开的商店，是一个欢迎各年龄层顾客的地方，人们在这里能找到真正的归属感。"在做专卖店的设计时，约翰逊想起了自己在丽思卡尔顿酒店和四季酒店酒吧里的体验——它们都让顾客有一种社区归属感，也都提供了温馨而迷人的环境。约翰逊受到启发，决定在苹果专卖店里复制同样的感觉，这也就是"天才吧"的由来。苹果专卖店里的"天才吧"是苹果公司版本的酒吧……不过吧里提供的是建议，而不是酒精。

动机：让苹果专卖店成为一个目的地，一个社区

指导这项决定的宗旨是让专卖店成为社区和有归属感的地方，这个宗旨让苹果专卖店成为了如今这样的目的地。为什么任何人都可以使用苹果专卖店的洗手间呢？为了创建社区和带来归属感。为什么会聘请各种年龄和背景的人呢？为了创建社区和带来归属感。为什么要开设一个"天才吧"呢？为了创建社区和带来归属感。当一个公司用明确而简单的宗旨来指导行动时，这个公司的决定就会"击中目标"，明确的宗旨让苹果专卖店成了一个受到大家喜爱的目的地。

影响：苹果专卖店成了最快实现年营收 10 亿美元的零售商

受欢迎的公司与众不同之处，就是他们首先会设计一种体验，然后才提供这种体验。苹果公司首先想象人们聚集在一个充满能量和温暖感的酒吧里，然后才建了这样的地方，而人们也纷至沓来。在短短 3 年时间内，苹果专卖店的年营收就突破了 10 亿美元大关，成为了在最短时间内达到这一目标的零售商。2008 年，总共有 1.024 亿人光顾过苹果专卖店，而苹果专卖店在 2008 年的收入也增长到 63 亿美元。明确的宗旨还吸引并留住了敬业的员工，苹果电脑公司有 1.6 万名零售员工，每年的离职率为 20%，而零售行业的平均离职率为 50%。较低的离职率在很大程度上是因为员工们在提供一种他们既了解又相信的体验。

明确的宗旨开始于公司的内部。请走到公司的大厅里，让 10 个人来定义和顾客有关的更深层次的宗旨。你会得到什么样的答案呢？

顾客为什么「粉」你

FIVE DECISIONS THAT DRIVE EXTREME CUSTOMER LOYALTY

是什么

定义了

你的体验？

在公司里随机找 10 个人，询问应该为顾客提供什么
样的体验，看看他们是否有同样的定义？

**如果没有，
请认真思考，
你将要为顾客提供
什么样的体验。**

执着于有价值的目标

Zappos 决定发 2000 美元给选择离开的员工

决定的意图：维护 Zappos 的企业文化，同时快速增长

2008 年，互联网服装和鞋类零售商 Zappos 公司的商品销售总额超过了 10 亿美元。Zappos 的增长是由服务和一种奇特的文化推动的，其中不可或缺的一个因素就是吸引某些人来 Zappos 工作，这些人的核心价值观之一是把"有时有点怪异"当作很自然的事。Zappos 招聘员工的过程十分严格，他们首先会对候选人进行面试，然后再让候选人与公司的人进行多次交谈。这样做是为了找到适应公司文化的员工，最重要的是找到对 Zappos 文化有"像回到家一样"感觉的人。尽管在面试过程中会尽量多地了解候选人，在候选人被录用后，Zappos 还会继续进行考察，以确保新员工和公司文化的契合。如果新员工不能适应公司的文化，他就会拿到 2000 美元离开公司。Zappos 用这种做法来找到适合的员工。

动机：只有最有激情的员工才可以留在公司

Zappos 不希望那种"只想打份工"的员工留在公司里。他们希望员工队伍是一群充满激情的人，把在这里工作视为是一种碰巧能获得收入的业余爱好，而不是工作。Zappos 认为公司在做的事情，是把这个世界变成一个美妙的乐园，所以希望公司聘请到的人也有同样的认识。因此，Zappos 会在 4 个星期的新员工培训期间提出问题"你确定吗？""这是你感到'像回到了家一样'的地方吗？"如果有人觉得不适应，Zappos 会让他们为这里付出的时间获得一些收入，让他们离开得有尊严，让他们的决定得到尊重。Zappos 的首席执行官谢家华说："我们要的员工是热爱 Zappos 生活方式，促进 Zappos 公司文化的人，而不是典型的朝九晚五的办公室白领。"

影响：只有不到百分之一的人拿了 2000 美元离开 Zappos

在 2008 年，只有不到 1% 的新员工拿了 Zappos 的 2000 美元离开。这意味着那些留下来的人是坚定而充满激情的。采取这种方式面试和培养员工，让 Zappos 成为了一个富有活力的地方，吸收了一批非常想在这里工作的人。Zappos 鼓励员工表达内心的奇思妙想。IT 部门的员工化装成虫子举行游行，因为他们的任务就是要杜绝计算机"虫子"（bug，即错误）。员工工作的地方在午休时间会提供卡拉 OK，人们聚集在这里，不想去任何其他地方或做任何其他的事情。Zappos 的忠诚顾客超过 1000 万，Zappos 销售额大约有 75% 是来自回头客。

你雇用那些与
公司的灵魂相契合的人吗?

你鼓励那些不合适的人离开吗?

如果不这样做,那么你所建立的一切的基础都不会太牢固。充满激情的员工可以为顾客提供美妙的体验,其他人提供的则是平庸的体验,这两种情形下产生的顾客互动是不同的。受欢迎的公司里充满了热爱自己工作的人。

03

执着于有价值的目标

赞恩自行车店决定为顾客的整体体验提供保障

决定的意图：保障顾客的快乐感、打消顾客的担忧

大多数商品的保证书都会让顾客产生一种"倒计时"式的担忧，因为它们规定了退货期限。这种强加的时间表带来的是一种以交易为基础的顾客关系，因为顾客的购物快感是以交易次数来衡量的。赞恩自行车店决定为整体顾客关系提供保障，所以他们取消了时间限制。赞恩车店的保证书中写道："我们不会辜负我们的承诺，无论什么时候，无论涉及哪种产品或服务。"

动机：消除阻碍人们去赞恩购物的所有因素

车店创始人克里斯·赞恩知道，每个走进店门的顾客平均会带来12500美元的终生价值。提供没有时限的保证书，这个决定背后的动机是：消除阻碍顾客前往赞恩购物的所有因素，并吸引新的顾客。所以赞恩的保证书中包含了终身免费服务、90天的低价保障，以及部件终身保修。赞恩车店的这些承诺相当于是对顾客说："为什么要担心价格呢？我们是有低价保障的，我们不会辜负我们的承诺。"在该承诺指导下做出的决定贯穿了每位顾客和赞恩车店的一切事务。比如，一位顾客要退回一件500美元的商品，赞恩车店很乐意地返还了货款，因为损害顾客关系的未来价值是不值得的。赞恩车店的员工认为：这不是一件可能会损失500美元的事情，这是一位价值12500美元的顾客。

影响：赞恩只有一家门店，年销售额却高达1300万美元

那些了解顾客需求的公司，不仅生意会蒸蒸日上，而且也会赢得顾客向其他人讲述他们故事的机会。赞恩车店就赢得了顾客向他人讲述赞恩车店包修包换自行车的机会。赞恩车店的承诺赢得了顾客的喝彩，从而也推动了他们的发展。赞恩车店消除了顾客购买过程中所有的恐惧感，所以顾客较少为自行车讨价还价，因为他们知道，从长远来看，赞恩车店的保证书对他们来说非常有价值。赞恩车店之所以可以维持较高利润率，是因为价格从来都不是顾客购买决策中的决定性因素。顾客知道："如果我买了一辆自行车而后又不喜欢它了，我还可以把它退回来。"赞恩车店的顾客希望获得拥有自行车的体验，并且希望这种体验是有保障的。

请想想，你提供的服务中哪些部分是你能保障的？你如何确保让顾客知道你不会令他们蒙受损失，使他们能在晚上安枕无忧呢？

你的

服务有

到期日吗？

你提供的服务，会让顾客着急地询问何时以及如何可以从你这里得到帮助，如何兑换积分，或者如何充分利用你的保修政策吗？

在你提供的服务中，你能提供哪些保障，从而让你的顾客感到安心呢？

执着于有价值的目标

Umpqua 银行决定取缔隔断绳

决定的意图：把"去银行"从苦差事变为美妙的体验

我们都曾经在银行排过队。队列的两边拉着两根隔离绳，迫使我们在一条"小巷"里缓慢地前进。我们在队列里等候着，没有任何事可做，只能看看手表或玩玩手机，将这段时间熬过去。如果你要办理的事情这名柜员不能处理，那你还得去另一个队列再次排队。而在 Umpqua 银行里，你看不到隔离绳和队列。因为作为把 Umpqua 从"银行"变为"店铺"的措施之一，员工们在总裁雷·戴维斯的带领下，取缔了隔断绳和银行业的标准做法，以便消除人们觉得去银行办事是一种苦差事的感觉。

动机：吸引回头客

对于一家金融服务公司来说，Umpqua 银行显得有些随意而轻松，这也许是因为他们的初衷是为伐木工人和农民服务。尽管他们的宗旨是成为"伐木工人的银行"，但在 1994 年之前，银行提供的顾客体验却不够好。银行的服务水平每一天都不相同，而且也跟具体的柜员有关系。我把它称为是"生物间歇式"服务：顾客体验的服务视服务提供者和他们当天的心情而定。Umpqua 总裁雷·戴维斯发现 Umpqua 缺乏明确的为顾客提供服务的方法，于是决定进行改革。他抛弃了银行惯例，将 Umpqua 的服务网点重新起名为"店铺"。而在重新设计的"店铺"里，"顾客"可以浏览产品和服务，想待多久就待多久。可以坐在舒适的椅子上，先品尝一杯咖啡。当顾客准备好办理业务时，他们可以请一位"店员"为自己提供帮助。就这样，隔离绳消失了。在 Umpqua 银行，顾客不必在隔离绳之间排队，不必在不同的"小巷"里获得不同的服务，店员会从头到尾为一位顾客提供完整的服务。

影响：顾客喜欢去 Umpqua 银行

Umpqua 银行一部分区域是网吧，一部分区域是社区中心，一部分区域是银行。这里是一个坐下来看书的好地方，咖啡味道也很好。通过摆脱行业传统做法，提供温馨和人性化的银行体验，Umpqua 吸引了顾客，支行从 1994 年最初的 5 家发展到现在的 148 家，银行网点跨越两个州，总资产达 86 亿美元（比 2007 年的 83 亿美元增长了 3.6%）。

你的服务中也有"隔离绳"，也是让顾客慢慢向前移动来获得你的帮助吗？你能找到一种方式取消你的"隔离绳"吗？

如果放弃

标准的

行业惯例……

你会变成什么样?

执着于有价值的目标

格里芬医院决定在停车场播放音乐，在大堂里摆放钢琴

决定的意图：鼓励而不是阻碍人们前往格里芬医院

我曾在第一章里介绍过格里芬医院，它是康涅狄格州的一家本地医院，拥有极高的顾客忠诚度。但是我没有讲到，在1982年的时候，格里芬医院的顾客忠诚度却非常低。当时社区有三分之一的人表示，如果能不去格里芬医院，那就不去。这个消息让格里芬医院开始重新审视他们的宗旨和所有做法。

动机：让人们愿意来格里芬医院

在知道大家尽可能地避免前往格里芬医院后，这家医院开始重新思考他们的宗旨。他们把目标定为从不招人待见的医院转变成人们愿意来的医院。格里芬医院的人知道，如果"让人愿意来"成为他们的目标，那么就必须重新调整医院的宗旨，需要从一家医疗保健用品提供者转变为服务提供者。格里芬医院必须停止"单纯地执行任务"的做法，而要考虑提供什么样的服务，这些服务又会涉及到患者和家属的哪些情感。他们发现，顾客的情感旅程是从停车场开始的。于是格里芬医院决定为顾客提供免费的代客泊车和车辆看管服务，并在停车场和大堂播放音乐以示对顾客的欢迎，也以此来消除单调无趣的"医院感"。

格里芬医院的副总裁比尔·鲍万达说："患者等候急症的时间是不是全国最短的，你是不是能够提供全国最棒的护理服务，这些并不重要；如果你的停车场一团糟，患者绝不会真的满意。"

影响：格里芬医院的业务增长率是康涅狄格州医院平均水平的3倍

格里芬医院体会到顾客在"进进出出"医院过程中的情感旅程，这种了解所促发的行动让他们从众多医院中脱颖而出。格里芬提供的体验成了吸引人们前来就医的重要因素之一，社区也不再把这家医院看作是"害群之马"了。格里芬医院的业务增长率是康涅狄格州医疗平均水平的3倍，住院患者从1998年到2007年增加了31%（该州的平均增长率仅为5%～7%），而门诊服务量也增长了70%。格里芬医院不仅成为本社区患者的"就医首选"，而且还吸引了周边社区的顾客，总体顾客中有三分之一都不属于它所服务的社区。全美医院管理者中有10%都想到格里芬医院来参观学习。

你是如何找到与顾客形成联系的纽带的？第一印象持续的时间往往最长，那么你对你的第一印象做过目标明确的设计吗？它是否给人留下了好感？

你提供
给顾客
体验的
"书签"
是什么？

对于跟顾客接触的开始和结束时刻，你有做过目标明确的设计吗？

你有在创造回忆吗？

你是否只是在执行任务？

执着于有价值的目标

露诗化妆品公司决定每年淘汰 100 款产品

决定的意图：维持顾客的参与度和热情

每年让三分之一的产品退役是露诗化妆品公司的一个规则。变化正是露诗的魔力所在。他们不是等着顾客来淘汰产品，而是自行通过一个严格的过程来淘汰一些旧产品，给新产品腾出空间。既保持了顾客的新鲜感，也吸引顾客再三前来光顾。露诗获得发展，是因为顾客在推动着他们发展。还记得小时候，一到糖果店就受到诱惑，无法空手离开的情形吗？露诗诱惑大家进入他们的商店的情况也差不多。人们很难不进露诗的店铺看看有什么新的化妆品，而一旦进了店铺，往往就会购买一些产品。

动机：提供化妆品历史上最新鲜的产品

露诗公司的创始人马克·康斯坦丁说："随着业务越来越成熟，它们也会变得更加官僚。"康斯坦丁之前曾是美体小铺的产品开发师，在 20 世纪 80 年代，他开发的产品为美体小铺带来了约 80% 的销售额。但随着美体小铺业务的日趋成熟，康斯坦丁认为这家公司已经不再有"兴奋度"，所以他离开了美体小铺，自立门户，创办了露诗公司，并推出了气泡弹——"你浴缸里的大型泡腾片"。露诗坚持推出天然型的化妆品，这些产品用令人惊讶的原材料制成，并取有奇怪的名字。为了保持顾客的新鲜感，露诗公司每年都会召集高级管理人员开一个"黑手党会议"，在这个会议上，他们要决定淘汰哪些产品。露诗公司的目标是提供"化妆品历史上最新鲜的产品"。为了实现这个目标，他们"疯狂地创新，然后从头再来"。

影响：新开的露诗店铺甚至可以在短短 3 个月内达到收支平衡

露诗公司每天销售近 6 万个气泡弹，这为露诗建立起了稳定的粉丝群。露诗没有花费多少广告费用（靠顾客口碑宣传）和包装费用（为了保持绿色环保，他们使用的包装材料很少）。但顾客的口碑推动了业务的增长。极低的广告费用和包装费用使得新开的露诗店面甚至可以在短短的 3 个月内达到收支平衡。2007 年，分布在 46 个国家的 462 家露诗店铺的综合收入达到了 2.92 亿美元，比 2006 年增加了 28%。

那么你会做些什么来让顾客保持新鲜感呢？当顾客的需求发生变化时，你会去了解他们的新需要吗？你会考虑淘汰某些东西吗？比如一种服务，一种做法，或者是一个产品？

顾客为什么「粉」你

FIVE DECISIONS THAT DRIVE EXTREME CUSTOMER LOYALTY

你的
新鲜度
有多高？

你畏惧推陈出新吗？ | 你如何吸引顾客，让他们一直对你感兴趣？

执着于有价值的目标

乔氏超市决定让每个员工都穿着夏威夷衬衫

决定的意图：让每个人都感受到乔氏超市的宗旨

20世纪70年代初，乔氏超市的创始人乔·库尔姆在洛杉矶拥有一个小型连锁便利店。为了与7-11便利店竞争，库尔姆开始用一些特色食品来吸引顾客，比如布里奶酪、第戎芥末和荔米等。这些有"异国情调"的新食品，库尔姆自己对旅行的热爱，以及他的加勒比之旅，让他确立了乔氏超市的"配方"：他在店里挂满了航海类型的装饰品，希望让顾客感到他们是在食物的海洋中航行。他还称商店经理为"船长"，经理助理为"大副"，并让员工们穿着夏威夷衬衫。接着，库尔姆就开始用各种产品让顾客的味蕾进行一场环球之旅。

动机：让乔氏超市的良好氛围保持下去

穿着夏威夷衬衫让乔氏超市的员工们很快进入了角色。这会提醒他们，他们的工作是给用户们带来轻松愉快的购物体验。乔氏超市的明确宗旨和一致性——包括穿着这些衬衫——帮助他们聘用和留住了那些基因中天生就有提供海岛般购物体验的员工。乔氏超市自称是"烹饪之海上的贸易商，满世界搜寻很酷的东西，带回家给我们的顾客"。这意味着从店员到首席执行官每个人都是旅程的一部分。

影响：乔氏超市的雇员流失率只有4%

乔氏超市非常重视公司文化与穿着夏威夷衬衫的关系，前首席执行官约翰·希尔兹告诉新员工说，如果工作的头30天他们没有感受到这份工作很有趣，那么就请辞职。留在乔氏超市的员工需要有能力提供轻松、快乐的服务，可以营造出如同"在加勒比度假时在路边摊上喝果汁"那样的氛围。例如，有顾客在博客中说，2008年6月28日，帮她把货物装袋的乔氏员工发现一包鲑鱼的密封袋有问题，于是这个员工以百米冲刺的速度给她换了一包完好的鲑鱼。这就是乔氏超市的作风：店员会主动冲刺去找到一些鱼，然后用微笑作为额外的补偿。完好的鲑鱼包放进了购物车里，店员说："不用担心，高兴起来。"这种氛围为公司吸引和保留了珍贵的人力资源，员工自动离职的流失率只有4%。那么你可以做些什么来提醒员工们维护公司的形象呢？更重要的是，你的公司是否氛围很好？

你的
公司氛围
是怎样的?

你太把自己当回事吗?

所有受欢迎的公司都善于自嘲。他们往往都很有个性,因此才给顾客留下深刻的印象。

你的个性是什么?

执着于有价值的目标

宜家决定先设计产品的价签

决定的意图：用功能和价格来指导创新

宜家是家具行业中的"大力水手"。他们有明确的宗旨，并且会自豪地宣称："我们就是我们。"宜家的宗旨是"为大众创造更美好的日常生活"。他们希望推出平民式的设计，让大多数人都能买得起他们的产品，而且这些产品还需要具有一定的风格。宜家知道，即使是预算有限的人也希望拥有一个美好舒适的家，拥有一个感觉就像家一样的地方。

动机：吸引那些靠宜家来装饰家的人

从价签开始进行设计，这种做法让宜家能够向他们的目标迈进。比如，在设计一款名为 Lillberg 的椅子时，宜家先确定它的目标价格是 139 美元，然后考虑顾客将如何使用这种椅子，将其纳入到设计之中，之后才是材料的选择、形状的确定，以及如何包装它。对宜家来说，包装是一个影响价格和产品设计的要素。拿椅子举例来说，如果能把更多的椅子放入同一个集装箱中，顾客购买它的成本就会降低。在设计 Lillberg 椅子的时候，设计师花了好几个月的时间多次试验，最后通过调整椅臂的角度

大大降低了包装成本，实现了目标价格。把浪费压缩到最低程度，推出实用而别具一格的产品来装饰人们的家，而不仅仅是把产品开发当作任务来执行，这是宜家店内体验的一部分。同时他们的自助式服务也降低了成本，为顾客省了钱。此外，宜家还通过在店里开设"营养绿洲"（即一个提供瑞典肉丸、热狗和肉桂卷的咖啡厅）来提升顾客在店内的体验。

影响：宜家成为 2007 年增长最快的家具店

宜家先设计产品价签的决定让他们受到了顾客的追捧。宜家的斯堪的纳维亚式设计和定价方式吸引着核心顾客，即刚刚起步的年轻人和新家庭，他们拥有的精力多过他们拥有的金钱。家具行业刊物《今日家具》称宜家是 2007 年增长最快的家具店：该公司以 17.9 亿美元的家具、床上用品及配饰销售额，从行业排名第三上升到了第二名。在 2008 财年，分布在 24 个国家的 253 家宜家店铺总共吸引了 5.65 亿顾客。

你是否也像宜家那样清楚能为顾客的生活提供什么独特的价值吗？在产品和服务的开发过程中，你首先考虑的因素是什么？

顾客为什么「粉」你

FIVE DECISIONS THAT DRIVE EXTREME CUSTOMER LOYALTY

是什么让你按下

"是"

的按钮？

宜家首先设计产品的价签，确保了他们不会偏离目标。

是什么在引导你的决定呢？在你做决定之前，有哪些条件必须得到满足呢？

执着于有价值的目标

Newegg 网站决定在顾客结账后不弹出广告

决定的意图：总是以好印象来结束顾客的购物过程

在只进行网上销售的美国零售商中，Newegg 网站排名第二。他们就像是技术爱好者聚集的"航空母舰"，其充足的库存可以保证顾客在任何时候都买到他们想要的东西。Newegg 网站快速增长的核心，是他们决定为顾客们提供技术讨论和快乐的购物体验。所以一旦你购买了喜欢的东西，比如一台平面电视，在结账之后，Newegg 网站肯定不会把你"卖"给第三方，这意味着，当你完成交易后，Newegg 网站不会向你显示来自第三方供应商的弹出式广告，即使这些广告能让 Newegg 网站获得更多的收入。这家公司为网站付出了大量心血，他们不愿意为了多赚取一些钱就给顾客体验带来负面印象。

动机：让顾客在网站上停留更长的时间，吸引回头客

公司明确地知道他们希望顾客在离开 Newegg 网站时获得怎样的体验，因此他们没有采用很多网站在顾客结束购物时弹出广告的做法。Newegg 公司不仅希望顾客来他们的网站购物，也希望这个网站成为一个技术狂热分子的论坛。这种明确的宗旨给他们带来了回报，很多顾客在 Newegg 网站上停留的时间超过了 20 分钟，这证明该网站已成为一个目的地，而不仅仅是一个购物结束后就离开的地方。Newegg 公司不希望弹出式广告影响到这种体验。他们不仅想为顾客提供美好的体验记忆，也希望购物体验中的每一个环节都是令人难忘的。

影响：Newegg 网站日平均访问者多达 60 万

虽然 Newegg 公司为了发展长期的顾客关系，放弃了弹出式广告的短期财务收益，但他们仍然是该行业中发展最快的零售商之一。2008 年是该公司业绩最好的一年，销售额超过 20 亿美元。从 2001 年 Newegg 公司接到第一笔订单起，该公司的注册用户已达 1100 万，平均每天有 60 万名访问者，更值得一提的是，用户停留时间是网上零售行业平均水平的 4 倍。

你从 Newegg 公司的故事中学到了什么经验，如何给你的顾客留下良好的结束记忆呢？你是否清楚与顾客互动的最后环节应该怎样进行？

顾客为什么「粉」你

FIVE
DECISIONS
THAT
DRIVE
EXTREME
CUSTOMER
LOYALTY

你有给顾客

提供一个

"良好的结束记忆"吗？

顾客在说了"再见"后还记得你的最后一件事情是
什么吗？

执着于有价值的目标

你的故事是什么
你对你的宗旨有多清楚

请记住，受欢迎的公司和其他公司之间的区别在于，受欢迎公司的明确宗旨让他们拥有了一个镜头，通过这个镜头他们做出了超越"执行任务"的决定，从而使他们与顾客的生活有了"连接点"。这让他们拥有了采取一系列受宗旨激发的行动自由。明确的宗旨扩展了工作的定义，把"销售药物"提升为"挽救生命"，把"销售家居产品"提升为"实现美国梦"。宗旨明确的公司可以把一切以任务为导向的决定转化为一些选择，这些选择提升了他们的层次，让他们变得与众不同。

明确的宗旨就是你的指南针。有了明确的宗旨，公司的决定就能与顾客的生活连接起来。而且在整个公司中，大家的工作也不再仅仅是执行任务而已。当你有明确的宗旨时，顾客们就可以很容易地讲述你公司的故事，因为你的行动可以与他们的生活连接起来，所有这些行动都是在同一个宗旨的指导下产生的。你做的事情会让人们对你下对的定义。

顾客清楚你提供的服务是什么，以及为什么你提供的服务很特别吗？你的员工们清楚吗？

- 如果询问公司里的 10 个人你的宗旨是什么，你会得到很多不同的答案吗？
- 你的顾客传播你的故事吗？
- 你选择的员工能够体现你的宗旨吗？
- 是什么在引导你的决定指向这个方向而不是另一个方向？

有了明确的宗旨，顾客们就可以很容易地传播你公司的故事，因为你的行动与他们的生活会连接起来。公司上下的员工会为一个更高的目标而努力，而不仅仅是完成一些任务而已。

对于以下问题，你有明确的答案吗：

你想留下怎样的结束记忆？

你的公司要雇用哪种类型的人？

如何引导决策？

公司努力提供的服务体验是什么样的？

你的决定是面向"任务执行"还是"目的实现"？

你的故事：

明确的宗旨。

FIVE DECISIONS THAT DRIVE EXTREME CUSTOMER LOYALTY

04
人性和真实让你与众不同

我认为，我们以某种方式了解到我们到底是
谁，然后接受了这一决定。

埃莉诺·罗斯福
（ELEANOR ROOSEVEIT）

我认识一个商人，他在中西部的一个小镇上销售童鞋。他温和地给母亲们推荐适合她们孩子的，而不太昂贵的鞋。有时候这些母亲没有带够买鞋的钱，商人就会毫不迟疑地说："先把鞋子带回家吧，等你来镇上的时候再把钱补上，把鞋子给你的孩子带回去。"

这位商人大多数时间独自一人在店里，他会用电热炉给自己做午餐。午餐一般有香肠、青椒、洋葱和大蒜。橄榄油气泡的声音以及大蒜和香肠的香味会飘出店门。这个时候来为孩子购买童鞋的顾客（这种顾客的数量似乎总在增长）也可以分享到一点午餐，他们会舔着自己的手指走出店门。

这位商人卖的鞋子"装备"了一代又一代的儿童，他们的孩子，以及他们孩子的孩子。他的那些令人感到温暖的做法使他深受顾客们的喜爱。当他退休时，有很多人去跟他道别。他们买鞋的体验绝不会再跟他在的时候一样了。他为孩子们努力寻找合适鞋子的记忆会永远留在顾客的记忆中，他们每次走过童鞋店，几乎都可以闻到和尝到香肠的味道。这位销售巴斯特布朗牌童鞋的商人就是我的父亲，第一位教我认识到"做真实的自己"无比重要的人。他出售的每双鞋中都带有由衷的关怀，他没有制定关于如何与顾客连接起来的策略或计划，自然而然地就做到了。人们爱他是因为他就是他。

受欢迎的公司决定做真实的自己

"我们的灵魂富有活力，我们的人性体现充分，而且我们有鲜明的个性。"

当一家公司如此打动了顾客的心弦时；当公司里的人以某种特定的方式行事，让顾客对他们忠诚时，与顾客的连接就成了水到渠成的事。这种人与人之间的情感连接可以超越"夫妻店"式的小商店，存在于更大一些的公司里吗？这种连接可以透过公司的等级结构、预算会议和规划过程传达出来吗？我们能把个人的本能带到我们的工作中去，并在生意中应用它们吗？是的。真正伟大的领导者热衷于做真实的自己。他们的人性和真实令他们与众不同。他们的基本目标是建立能够以这种方式存在并运作下去的组织，让人们可以把他们自己的个人直觉运用到业务决策中去。

你将个人"自我"和商业"自我"连接起来了吗

顾客为什么「粉」你

FIVE
DECISIONS
THAT
DRIVE
EXTREME
CUSTOMER
LOYALTY

百事公司的 CEO 卢英德的领导就有自己的特质。她是一位严肃的领导者，同时也是一个普通的妈妈。这样的特质组合非常招人喜欢，而且可以消除人们的戒心。卢英德在领导公司的过程中积极地运用了她生活中的这两个维度。卢英德的长辈曾经以非常高的标准来培养她。比如，她的母亲每晚都会挑选一个世界性的问题或时事来进行讨论。卢英德在工作中也采用了类似的策略，带动她的团队来解决问题。比如为棕榈油寻找一个成本更低的替代方案。同事们说，卢英德"把她的整个自我"带到了工作中。当卢英德谈到她自己和她的世界时，给人的感觉是非常真实的。作为一位母亲，她要求团队带着"你给你孩子所在的学校提供小吃"的想法来开发健康的、容易拿在手里的食品。她很强势，但也很真实，很人性化。卢英德确实做到了言传身教。

科琳·贝瑞特是西南航空公司名誉主席，她说西南航空是通过真心、鼓励和问责制发展起来的。这家公司从一开始就知道，它需要在竞争激烈的航空业中以一种与众不同的方式来发展。"我们希望变得家喻户晓，"她在讲述西南航空的创业之路时说，"我们希望成为美国人的航空公司。"当西南航空于1971年开始营业时，乘坐飞机的"美国人"以男性居多。西南航空从未惧怕过把自己的"真实"烙印在乘机体验中。因此，虽然其他航空公司的空姐（当年她们还不叫空姐）穿着保守的西服时，西南航空的空姐却身着热裤和长及膝盖的靴子来吸引乘客。"乘客们被那些热裤和靴子迷住了！"贝瑞特说。

> "每家受欢迎的公司都做出了关键的和顾客有关的决定，这些决定标志了他们在宇宙中的位置。"

当女性乘客增多时，西南航空就抛弃了热裤。而个性、同情心、顾客服务和奇思妙想成了他们的新特色。西南航空开始与乘客建立起了情感纽带，这种纽带发自内心，涉及到所有的乘客。乘客们喜欢西南航空那种坦率认真的风格，他们是西南航空最大的捍卫者和守护者。

贝瑞特告诉我的一个故事证明了这一点。当时西南航空公司的创始人赫伯·克勒赫和她一起在新墨西哥州的阿尔伯克基机场休息区，一架西南航空的航班正在登机，克勒赫就像其他人一样等待着。这时一位老妇人走到克勒赫跟前说："年轻人，你最好做好准备，这家公司的飞机说什么时候起飞就会什么时候起飞！"贝瑞特和克勒赫拥抱并感谢了这位老妇人。

37年之后，其他航空公司都在艰难求生时，西南航空仍然是一枝独秀。他们从来没有声称过要为所有的人提供所有的服务，但对于那些被西南航空的飞行体验和人性（这家廉价航空公司会带你去你想要去的地方，但不会提供超出花生之外的食品，服务态度只能说是亲切，有时甚至会让你尝尝善意的挖苦）吸引的人来说，公司和顾客之间的情感纽带非常牢固。

热衷于做真实的自己的另一家公司是露诗化妆品公司。露诗网站的在线论坛上有数千名自称是"Lushies"的粉丝，公司创始人马克·康斯坦丁和员工们在这里与粉丝交流时做到了真实。在这个论坛上，你可以看到直言不讳的，通常是发生在朋友之间的那种对话和辩论。某些顾客往往会为那些将被淘汰的产品做辩护，而露诗公司让人们提前知道产品停产的时间，这样他们就能囤积自己喜爱的产品了。这种交流为诚实、热情、直言不讳的关系设定了基调，并鼓励公司里的其他员工与顾客建立这样的关系。

媒体将康斯坦丁比作是威利·旺卡（是电影《查理和巧克力工厂》里好莱坞影星约翰·尼德普饰演的一个角色）。康斯坦丁利用天然原料的气味和质地，开发出能在浴缸里泡腾的"气泡弹"产品，将露诗的顾客带入到安静的遐想之中。难怪有人会说，露诗使得女性用户们增加了洗澡的次数。露诗用"气泡弹"将洗澡提升到了艺术的层次，这种"浴缸里的大型泡腾片"每个售价为7到9美元，

顾客为什么「粉」你

FIVE
DECISIONS
THAT
DRIVE
EXTREME
CUSTOMER
LOYALTY

却为顾客们提供一种灵魂疗法。如果你想笑就笑吧，露诗银行账户上的数字也在笑。这家公司会雇人敲开椰子和剥开芒果来制造独特的、全天然的产品，所以他们已经吸引了大批追捧者。1995年露诗只有1家门店，而现在他们在全球的门店数量已经达到了600多家。

> 受欢迎的公司只用他们做出决定的案例来教导员工，而不是用政策来教导员工。

在 Lands' End 公司，是用乡土风格来展示他们在威斯康星州的"根"。顾客与他们之间存在着情感联系，回应他们就像回应邻居一样。所以，当他们在1987年开始经营儿童用品业务时，忠实于自己的本性，将"农场动物"派发到顾客那里来纪念这一事件——他们在包装盒的内侧印有牛、羊、马的头部和尾部，顾客可以把包装盒改装成一只农场动物，让孩子们骑着它在房子周围玩。

这相当于他们象征性地从盒子里伸出了手，说："我们知道有孩子是什么样的，我们也有孩子。除了你购买的衣服之外，这里还有一些东西供你的孩子享用。因为，跟你一样，我们也记得一个箱子会带来多少乐趣。"他们为一代父母创造了新的记忆，顾客不仅会看到包装箱里的衣服，也会回想起自己玩箱子的样子。之所以这样做，是因为他们的动机是建立一种情感上的联系。这让他们超越了普通做法，给顾客送去了意料之外的东西。在 Lands' End 发展的早期，这些独特的做法让他们变得与众不同。

让受欢迎的公司与众不同的是他们在一开始做出了什么样的决定。因为受欢迎的公司只用他们做出的决定作为例子来教导员工，而不是用政策来教导员工。他们超越了炒作和包装，专注于他们与顾客之间的联系。他们是构思出如何让包装盒变成农场动物，然后把这个想法变成现实的人。

你如何决定做真实的自己

受到顾客喜爱的公司努力做到不失个性，他们的产品、他们的服务、他们做的任何事情都不失个性。与顾客连接起来的方式使得他们成为了受欢迎的公司。他们与顾客之间存在着个人化的联系，他们的个性体现在他们与顾客的互动中。

受欢迎的公司可能会有一些比较古怪的特质，但在那之下是一个充满活力的灵魂。他们有时也会绊倒或摔跟头，但从不畏惧把弱点暴露给顾客。与那些做出虚假承诺，或鼓吹浮夸的承诺却不能兑现的公司相比，诚实的和真实的公司对顾客来说更加重要。营销伎俩并不会提升顾客的忠诚度并赢得他们的信任，但能够做真实的自己的公司却可以。受欢迎的公司与顾客建立了持久的联系——通过决定把他们的个性与他们的业务融合在一起。在受欢迎的公司里：

- 领导者把他们的个性特质和领导方式融合到了一起。
- 商业决策结合了宗旨和激情。
- 领导给员工做出行为示范，并允许他们"真实"。
- 关系存在于有相同的价值观的人之间。

顾客为什么「粉」你

FIVE
DECISIONS
THAT
DRIVE
EXTREME
CUSTOMER
LOYALTY

这些态度和行动体现了受欢迎的公司的内在特质。他们把他们的个性化决定带入到生意中，让自己的行为影响到决策的制定。在受欢迎的公司内部，人们也用自己的个人经历来影响行为。然后再融入他们的商业触觉，以便获得非同凡响的效果。

下面的两个决定，可以帮你评估你做出的决定让你在顾客面前有多真实：你的决定所促发的行动如何表明你作为一个人以及一个组织的特质？在决定你的业务方向时，你个人的真实性体现出来了吗？

决定权在你的手中！

USAA 决定让新员工吃部队伙食

决定的意图：了解顾客，以便为他们提供服务

USAA（联合服务汽车协会）是一家位于圣安东尼奥的公司，其主营业务是为军人及其家属提供汽车和家庭保险。公司虽然不要求新员工来自于部队，但必须了解军旅生活。因此在USAA公司入职培训中，新员工会头戴军用头盔、背着背包、穿着防弹衣，并且吃"速食饼干"——士兵们在野战中吃的食物。新员工还必须阅读士兵及家属的来信，以便全面了解那些身着军装的人。在入职培训结束后，USAA公司的目的已经达到：新员工对顾客的生活有了一定的体验，这为他们向顾客提供优质服务做好了先期准备。

动机：随着顾客数量的增长，公司的盈利能力也增长了

USAA公司知道，了解顾客群的独特生活并且富有同情心和爱心的员工队伍，是公司成功和盈利的基础。USAA公司将这种把员工生活与顾客生活连接在一起的方式称为"环绕声"。公司执行副总裁伊丽莎白·康克林说："我们要让员工知道战地上那些轻松的时刻，痛苦的时刻，以及无聊的感觉是怎样的。"而且USAA公司在入职培训之后也强调这种理念。比如，USAA的呼叫中心被称为"连队"，在工作中使用军事时间。公司致力于以军事精度和毅力来提供持续的培训。在2007年，USAA公司对12,400名"会员客服代表"提供了总计250,000小时的课程来强化基本培训。

影响：USAA 的顾客保留率为 98%

USAA公司设身处地为顾客着想，打破了公司和顾客之间常常存在的"无感障碍"。因此顾客们认可了USAA公司的服务，并推动了他们的增长。2008年，USAA公司不仅顾客保留率达到了98%，而且还获得了82%的净推荐分数，这意味着大多数顾客都是该公司的热情支持者。

在你的公司员工入职培训中，如何借鉴"身穿防弹背心来了解顾客的生活"的做法呢？受欢迎的公司将新员工（无论是聘请他们来做什么工作）安排在零售、仓库或能和顾客接触的其他任何岗位，让他们能够了解顾客和顾客的生活。你的公司呢？

你是否
设身处地为
顾客
着想？

你能描述一下你的顾客一天的生活是怎样的吗？

你知道是什么让顾客晚上睡不着吗？为了给他们提供服务，你需要了解他们的生活。

人性和真实让你与众不同

艾米冰淇淋店
决定将工作申请表做成一个白色纸袋

决定的意图：在众多求职者中寻找合适的人

大家喜欢位于德克萨斯州奥斯汀的艾米冰淇淋店有两个原因：冰淇淋和杂技表演。一名店员会把冰淇淋球抛出去，另一名店员则会以单腿跳跃的方式用杯子接住冰淇淋。在这里享用冰淇淋就像参加狂欢节一样。要通过正常的面试找到这样大胆、创意十足的员工是不可能的。你怎么可能这么问求职者："你是不是有一点点疯狂？"所以艾米冰淇淋店给求职者一个白色的纸袋。让求职者将它变为一件创意作品，以展示他们的特质。艾米冰淇淋店用这个白色的纸袋来找到合适的员工。

动机：如果没有合适的人，提供的只是出色的冰淇淋

用一个白色纸袋作为工作申请表，艾米冰淇淋店可以了解到这些十几岁的求职者是否具有创意。这种做法的起因是：有一次，当正常的求职申请表用完时，该店工作人员发给一位求职者一个纸袋。这位求职者用氢气球把纸袋送回店中，纸袋中装的是她生活中的一些小物品，结果她被录用了。现在所有求职者的申请表都是白色纸袋了，这就是艾米冰淇淋店招聘合适员工的方式，这些员工能让享用冰淇淋的人获得去马戏团观看表演的享受。

影响：艾米全年的总销售额超过500万美元，售出100万份冰淇淋

艾米冰淇淋店的网站上说："艾米冰淇淋店将'享用冰淇淋'作为一个整体体验，给你带来一整天的好心情。"之所以他们会给顾客带来好心情，部分原因在于，顾客对去艾米冰淇淋店能看到什么样的表演感到好奇。招聘合适的员工推动了艾米冰淇淋店的发展。1984年，艾米冰淇淋只有一家门店，24年后他们发展到14家门店。1984年全年他们售出12.5万份冰淇淋，现在他们每年售出100万份冰淇淋，全年总销售额超过500万美元。像很多受欢迎的公司一样，艾米冰淇淋店也不做广告，而是靠顾客的口碑来发展业务，他们把营销费用投入到社区发展中，从而获得了更多的好口碑。艾米冰淇淋店代表了小商家的力量，也展示了提供不同寻常的体验可以帮助小商家获得业绩的增长。艾米冰淇淋店的兴旺在于他们热衷于做真实的自己，坚持古怪而疯狂的自我，人们喜爱这样的他们。这一点甚至也体现在艾米冰淇淋店的网站上，网站的主页上写着："生活充满不确定性，不如先吃份甜品！"这真是一个中肯的建议。

顾客为什么「粉」你

FIVE DECISIONS THAT DRIVE EXTREME CUSTOMER LOYALTY

你的
白色纸袋
是什么？

你是如何招聘那些能把你的产品或服务魔法般提供给顾客的人？

你的面试环节也跟你的公司一样独特吗？面试展现了你的特质吗？

人性和真实让你与众不同

CD Baby 决定写下一封自 2003 年以来就被人们纪录在博客中的电子邮件

决定的意图：就像照顾音乐人一样照顾好顾客

CD Baby 的创业宗旨是提供一个快乐且盈利的渠道，让独立音乐人向公众出售他们的作品。唱片制作中间商阻碍了很多独立音乐人的谋生途径，而 CD Baby 跳过了中间商，让音乐人能够直接出售作品。比如，CD Baby 的音乐人可以从每张出售专辑中分得 6～12 美元，而通过分销商或大牌唱片商出售专辑，他们只能分得 1～2 美元。CD Baby 在每一个环节中都坚持了他们对音乐人的承诺，这也包括与顾客建立情感纽带及进行沟通的环节。

动机：直白和奇思妙想使得生意更具乐趣

在与顾客交流时，CD Baby 有一种少见的令人感到温暖的风格，那就是"像交谈一样写东西"。CD Baby 热衷于展示他们的本色。在他们写出下面这样的发货确认电邮的那一天，肯定过得很不赖。看到 CD Baby 这种发货确认电邮时人们很难不会心一笑，即便是第 2 次或第 3、4 次看到它（CD Baby 的顾客常常是回头客）：

"我们戴着消过毒的手套，温柔地把你的 CD 从 CD Baby 货架上取下来，并放置到一个缎面枕头上。一个由 50 名员工组成的团队检查你的光盘，确保它在邮寄之前处于最佳状态。来自日本的打包专家点燃一支香薰蜡烛，然后把你的 CD 放到用钱可以买到的最好的金线盒子里。在去邮局的路上我们举行了一个庆祝游行，整个波特兰城都在挥手，对你的包裹说'一路顺风'！你的包裹于 12 月 6 日（星期四）坐上了 CD Baby 的私人喷气机。现在我们都累得东倒西歪了，但我们急切地盼望你再次光顾 CD Baby 公司！！"

影响：2008 年 CD Baby 支付给音乐人 3400 万美元，比 2007 年增长了 28%

虽然有点异想天开，但 CD Baby 的发货确认电邮体现了公司对 27.7 万音乐人的责任心。自 1998 年创办以来，CD Baby 已经发展成为大型的独立音乐在线销售商，在网上出售了 450 万美元的 CD，2007 年销售额增长了 30%。2008 年，当 CD 行业整体下滑 14% 时，CD Baby 的销售额竟然增长了 2%。CD Baby 与顾客之间的情感纽带是通过消除他们的戒心建立起来的。

你写邮件就像你平时说话那样吗？

你的交流太
"朴实"吗?

你有你自己独特的声音吗?

你的顾客在读完你的信、电子邮件、装箱单或发票后想更多地了解你吗?

人性和真实让你与众不同

WestJet 决定再次人性化地对待乘客

决定的意图：让乘客成为开展业务的原因

当员工们在顾客背后相互交谈时，往往会揭示出一个行业对顾客看法中比较"黑暗"的部分。如何描述和称呼顾客，显示了员工和公司对顾客有多尊重。在航空业中，有一种简缩语把乘客当作是无生命的物体，而不是希望获得服务的人。比如，当一位乘客想要一杯咖啡时，乘务员会说："12B座的 PAX 要咖啡。"当 WestJet 开始经营航空业务时，他们决定不使用这种行话，而是要人性化地对待乘客，他们想"从驾驶舱外思考"，让自己与众不同。

动机：以一种高尚的方式赚取市场份额

WestJet 知道，要赢得市场份额，不仅需要高效地经营业务，也需要用人性化服务来开展竞争。WestJet 开始抛弃一些不太好的行业习俗。他们没有把乘客视为"行走的美元"，即仅仅是获得利润的手段，而是决定对待乘客就像对待尊贵的客人一样。在 WestJet，不存在"雇员"一说，员工都是"Westjetters"，一个有共同使命的群体。那么 WestJet 的高管呢？他们被称为"大头"。人们通常不会觉得有这种绰号的人会是傲慢自负的人。WestJet 现在已经是加拿大排名第二的航空公司，公司执行副总裁兼联合创始人唐·贝尔说："如果用一种最简单的方法来描述的话，就是我们在人性之上运用一些相当常识性的方法，创建了一个能够接纳人性的环境，做到了以人为本。"

影响：WestJet 现在是加拿大排名第二的航空公司

WestJet 决定通过为旅客提供一种新的飞行方式来获得增长。他们抛弃了航空业工作的老习惯，建立了服务乘客、尊重乘客的公司文化，而我们也觉得 WestJet 跟其他航空公司有所不同。WestJet 赢得了乘客们的喜爱。通过改变"Westjetters"对工作、对自己、对乘客的心态来获得增长，这给 WestJet 带来了商业上的回报。在 2008 年第四季度，该公司公布的营收数字创下了新的纪录。从 2005 年到 2007 年，他们连续获得了水石人力资源公司评选的"加拿大最受尊崇的公司文化"的称号。

你想改变行业里的一些根深蒂固的行话和态度有多难？从你公司的首字母缩写开始检查，看看它们与顾客有多相关。这会让你快速预见未来的征途。

顾客为什么「粉」你 FIVE DECISIONS THAT DRIVE EXTREME CUSTOMER LOYALTY

你私下里的

想法

表现了你

什么样的

态度？

员工们在幕后是怎么谈论顾客的？

如果有人站在玻璃墙的另一边，他们会听见什么呢？

人性和真实让你与众不同

Zappos 公司决定在 Twitter 上发布日常消息

决定的意图：让顾客了解 Zappos 公司的人

发布 Twitter 消息是一种大众活动。好的 Twitter 消息短小而精干，没有任何装模作样或炫耀的余地。谢家华（Zappos 公司的首席执行官）有自己的 Twitter 账号，他很高兴人们把他当作是"托尼"。乔治、苏、玛丽以及其他所有在 Twitter 上谈论日常事情的"Zappos 人"（Zapponians）也是如此。对于 Zappos 公司来说，发布 Twitter 消息是一种简单明了的方法，可以帮助他们与他们生活中的人保持联系。他们生活中的人自然也包含顾客在内。

动机：Zappos 公司希望成为顾客生活中的一部分

发布 Twitter 消息是 Zappos 公司存在和参与人们生活方式的自然延伸。以下是指导"Zappos 人"在业务中行动的十项原则：

1. 提供令人称道的服务。
2. 积极接纳和推动变化。
3. 创造乐趣和一点点古怪。
4. 富有冒险和创新精神，保持心态开放。
5. 寻求发展和学习。
6. 通过交流建立公开和诚实的关系。
7. 培养一个积极向上的团队，培养大家庭。
8. 少花钱多办事。
9. 富有热情，充满决心。
10. 谦逊。

发布 Twitter 消息是 Zappos 公司与顾客、供应商以及其他很多人"对话"中的一个十分自然的组成部分。Zappos 公司也尽可能地回复和他们有关的 Twitter 消息。员工们觉得保持联系和"伸出双臂"——就像发现一个朋友需要和你交谈时你的反应一样——是非常适当的做法。

影响：成千上万的人在 Twitter 上关注谢家华

Zappos 公司的利润增长得益于其出色的产品和服务。但通过使用 Twitter，Zappos 公司超越了业务经营范畴，把公司与顾客之间的连接变得个人化了。谢家华最近的一条 Twitter 消息是"要去理发了"。为什么会有人关注这样的消息？因为日常生活中的共性把我们联系到了一起。在 Twitter 上关注谢家华使彼此之间创建了一种令人意想不到的纽带。人们觉得自己认识他，所以理所当然想从他的网站上购买东西。Zappos 公司最初吸引的是女鞋买家，而 Twitter 深化了他们与其他顾客之间的联系，从而帮助他们把业务扩展到鞋类之外的很多其他产品类别上（就像 Amazon 那样）。让人们看到他们"正在干洗店中"这样的消息，是"Zappos 人"成功扩大业务的因素之一。

你是

如何保持

连接的?

很多公司仍然依靠调查和焦点小组的方式来发现顾客的需要。

而真正需要做的是"伸出双臂"。你这样做了吗?顾客觉得他们可以与你交谈吗?你是用一种自然的方式成为了他们生活的一部分吗?

乔氏超市决定管理其收银台的声音

决定的意图：不要让噪声扰乱结账过程中收银员与顾客的谈话

乔氏超市希望成为你的邻家商店，他们想与你保持个人化的关系。这就是为什么乔氏超市多年来拒绝在收银台安装扫描仪的原因之一：乔氏超市对扫描仪在扫描商品时发出的声音感到担忧。他们不希望这种噪音干扰顾客在结账过程中的交流。但乔氏超市的商品库存不断变化并且不断增长，为了有效地管理公司的业务，他们最终还是采用了扫描技术，但这也是直到他们完全相信扫描仪发出的声音不会干扰收银员和顾客之间的交流之后才采用的。

动机：邻里式的交流帮助顾客和乔氏超市建立了联系

乔氏超市希望确保顾客不会觉得这种技术的引进意味着人际关系消失。除了对扫描系统的声音十分挑别之外，乔氏超市也不让收银员使用麦克风来进行"需要第5区的员工提供帮助"这样的呼叫。他们在每一个收银台安设了钟，钟声就像是乔氏超市版本的摩尔斯电码。乔氏超市的网站解释说："那种麦克风扩音系统让我们感觉不对劲，所以我们想出了一个具有海岛风格的简单通信系统。一声钟响让我们的船员知道什么时候启用另一个收银台，两声钟响表示需要到收银台处回答一些问题，三声钟响就是在召唤经理了。"这个说明的结束语是："说实话，这比用'漂流瓶'容易多了。"

影响：粉丝们不会搬到没有乔氏超市的地方去

当乔氏超市的粉丝肯·威克斯和他的妻子搬到凤凰城后，他们做的第一件事是找到离他们家最近的乔氏超市。乔氏超市粉丝网站上有一个作者搬家离开了加利福尼亚州，他在博客中写道："除了大海之外，乔氏超市就是我怀念旧金山的原因。"对于提供顾客体验来说，乔氏超市那种痴迷于细节的态度是至关重要的。他们认为，乔氏超市的每平方英尺销售额是标准超市每平方英尺销售额的3倍，就是对他们"痴迷地"把产品和顾客服务结合起来提供成功的体验的证明。这使得他们的超市顾客盈门。

哪些与顾客产生连接的时刻是最重要的，是你应该为之痴迷的？

是什么拦在了
你和顾客
之间？

你痴迷于与顾客产生连接的时刻吗？

你不仅考虑说什么，而且也考虑说话的方式吗？

人性和真实让你与众不同

货柜商店决定像"冈比"一样

决定的意图：鼓励灵活性和胆量

当货柜商店1978年开张营业时，公司创始人加勒特·布恩和基普·廷德尔鼓励员工尽最大的努力来满足顾客和其他员工的需要。他们希望"不遗余力"成为每个人行动的核心，因此他们决定通过要求大家"成为冈比"来达成这个目标。冈比是一个暗绿色的黏土动画角色，曾经播放了35年的美国电视动画片《冈比系列》中的明星。冈比总是陷入困境之中，但最后总是能妥善解决各种麻烦。这跟零售业中的工作有很多相似之处。因此"成为冈比"成为货柜商店最喜欢的口头禅不无道理。

动机：顾客可以识破虚假的公司文化

有无数的公司在向顾客宣传他们的服务和承诺，但其中很多都是"口惠而实不至"：一切都是空谈，没有任何实际动作。布恩和廷德尔不希望货柜商店提供强迫性的"顾客服务"，即按《操作规则手册》一板一眼地提供服务。货柜商店不仅让员工相信他们自己的判断力，也给予员工解决问题的自由。公司也为此做好了充分的准备。货柜商店的专职销售人员会接受约241小时的培训，而大多数零售企业只有平均7小时的培训。通过提供培训和扔掉《操作规则手册》来让员工做好准备，因为货柜商店希望创造一种可以满足同事和顾客友好相处的环境。他们希望大家要保持灵活，为每种情况找到合适的解决方法。简而言之就是：保持灵活，"成为冈比"。

影响：灵活的雇员＝留下来的雇员

在货柜商店，员工们感觉到他们以一种特别温馨而真实的方式与顾客和同事连接在一起。每当货柜商店的新店铺盛大开幕时，董事长都会拉着新的店面经理进行一圈"胜利游行"。基普·廷德尔说："我们有头衔并不意味着就不能做点土气的事。"这种"土气"对他们很有好处。在这样一家用"我今天成为了冈比"来定义成功的公司里，2008年的员工主动离职率只有15％，而零售业的平均水平是50％或者更高。员工们确实想留在这家公司工作。货柜商店连续9年进入《财富》杂志评选的"最佳雇主100强"的名单。

你的组织是否在生意中融入了奇思妙想，并把温暖感觉传递给了顾客呢？

顾客为什么「粉」你

FIVE
DECISIONS
THAT
DRIVE
EXTREME
CUSTOMER
LOYALTY

100

你鼓励员工的
灵活性 和
胆识吗?

你是如何鼓励一线员工与同事协作,为顾客提供服务,从而让顾客获得一个积极正面的印象呢?

Customlnk 决定捐款给每一家购买他们 T 恤的慈善机构

决定的意图：尊重顾客关心的事务

Customlnk 是一个价值 6000 万美元的 T 恤店，他们为家庭聚会、团体和商务活动定制 T 恤。由于在 Customlnk 是由专人亲自审查每笔订单，所以那个审查的员工知道顾客正在为什么活动印制 T 恤。每当 Customlnk 发现慈善机构定制了这么多的 T 恤后，他们决定为慈善事业做一些自己的贡献。因此，每当 Customlnk 为慈善活动印制 T 恤时，都会向该慈善活动捐赠一些钱。第一个这样做的是 Customlnk 的订单分析师洛里·梅菲尔德。梅菲尔德说："我们愿意捐款给我们的顾客用心举办的每一个慈善活动。"

动机：给予回报，参与顾客的生活

Customlnk 觉得，不给予为慈善活动印制 T 恤的顾客以回报是不对的。于是他们用这样一种姿态让他们的顾客知道，Customlnk 支持他们的慈善活动。这个姿态最重要的地方是，Customlnk 没有将此举用在营销宣传上。这种行动开始于一位订单分析师的个人表达，因为她想回报这些信任 Customlnk 的机构。就像其他很多高尚的决定一样，最后给决定者带来了良好的形象。Customlnk 为顾客关心的事情捐款，这让他们在 T 恤供应商中独树一帜。顾客都希望能再次和有这种想法的公司打交道。

影响：慈善机构涌向 Customlnk，2008 ～ 2009 年，Customlnk 的慈善捐款额增长了 155%

Customlnk 已印制了 1000 多万件 T 恤。98.9％ 的顾客都说会再次找 Customlnk 印 T 恤。虽然 Customlnk 捐赠给慈善机构顾客的金额很小（有时低至 30 美元），但这种姿态将公司与他们顾客关心的事情连接起来。而且这也向顾客表明，Customlnk 的服务不只是获取和填写顾客的订单而已。这种姿态，就好像是他们伸出双臂热情地拥抱顾客，而顾客也反过来拥抱 Customlnk。有顾客说："我绝对没想到会收到一封电子邮件，询问 Customlnk 是否可以给我们的组织捐赠，这让我为选了这家公司来为我们印制 T 恤而感到自豪。"而且，你可以从 Customlnk 捐款额的增长中看到慈善机构在回报 Customlnk 的关心：Customlnk 的慈善捐款增长率和他们的业务增长率有直接关系，因为慈善机构纷纷到他们那里定制 T 恤。

你是如何以个人化的方式与你的顾客连接的？

顾客为什么「粉」你

FIVE
DECISIONS
THAT
DRIVE
EXTREME
CUSTOMER
LOYALTY

你如何
展示你的
优秀品质呢？

你用哪些无私的行为向顾客和员工展示你所重视的方面？

人性和真实让你与众不同

Headsets 公司决定，开除那些不尊重顾客的员工

决定的意图：尊重是公司文化的基础

Headsets 公司的购物体验，是由接听顾客电话的客服代表和顾客挂上电话时的感觉定义的。这种体验推动了公司的发展。在 Headsets 公司，有 52 名客服代表负责接听顾客的电话，指导他们穿越迷宫，选择适合他们的产品，这种电话交谈的核心是尊重。公司创始人兼首席执行官迈克·费斯说："顾客值得我们尊重，有时他们可能是错的，但他们永远值得我们尊重。"这就是为什么如果某位客服代表翻眼睛，和顾客吵架，或者对顾客没有表现出尊重，这位客服代表就会丢掉他在 Headsets 公司的工作。

动机：在公司文化上妥协会阻碍公司的发展

为了避免出现不尊重顾客的现象，Headsets 公司严格筛选和聘用客服代表。候选人在被聘用之前，必须通过迈克·费斯所说的"顾客服务选拔"测试，这个选拔过程包括 8 次面试。语音教练（检查候选人的亲切度、语调和同情心）和商业心理学家会与候选人谈话，以了解他们面对压力时的反应。比如当顾客的来电难以处理时，他们能否控制自己的情绪。候选人还会接受记忆力和英语能力测试，并旁听顾客电话。通过了这些初步的筛选后，候选人还需面临公司内部的多次面试，以确定他们是否"适应"Headsets 的公司文化和对顾客的承诺。之所以会如此严格地筛选客服代表，是因为公司信任客服代表可以按他们自己觉得正确的方式与顾客进行互动。而在这些互动中，至关重要的是对顾客的尊重。虽然"不尊重顾客的员工会被开除"这条规则很少付诸实施，但在长时间的轮班过程中，或者当啰嗦的顾客提出一些答案很明显的问题时，它会帮助客服代表们清楚地认识，顾客可以有他们自己的看法，可以咆哮，并拥有发言权。

影响：获得 3000 万美元的营收

根据迈克·费斯的说法，Headsets 公司"忠实于对顾客的爱"，这种爱的核心是尊重顾客。该公司是成功的，因为他们有能力维持服务的热情。每 30 名求职者中只有 1 名可以通过公司的客户服务选拔，成为 Headsets 的客服代表。一旦你成了客服代表，对顾客的尊重就要牢记在你的脑海中。严格吗？非常严格。但是否有效呢？有些做法肯定会有效。Headsets 公司在 1998 年以 4 万美元起家，核心业务是销售耳机，到 2008 年营收就高达 3000 万美元。

相互尊重
是核心竞争力吗?

你是否善于寻找和培养那些赢得了顾客尊重的人?
你会严格筛选你的客服代表吗?

你有多"真实"？

受欢迎的公司不怕做真正的自己。他们允许员工摘下"公司的粉饰"，鼓励员工在工作以及与顾客的关系中发挥出自己的最佳水准。

他们努力消除"大公司"和"小顾客"的感觉。比如货柜商店为了鼓励员工们灵活处理事务会颁发"冈比"奖，WestJet 称呼主管为"大头"。在这样的公司里，人们认真工作，而不是傲慢自负，热衷于向顾客传达亲切感。

这些公司的领导者设定了基调，并允许公司里的每个人都可以做到如此的真实。露诗公司的创始人马克·康斯坦丁就设定了与顾客交谈的基调，Headsets 公司的创始人迈克·费斯对做真实的自己也非常热衷。即使在创始人离开后，受欢迎的公司也仍然能够保持一贯的风格。比如，即使在创始人乔·库尔姆于 1988 年退休后，甚至当公司被德国企业家西奥·阿尔布雷希特买下之后，乔氏超市仍然可以保留他们的公司文化。从库尔姆到约翰·希尔兹，再到现在的丹·贝恩，虽然历经了 3 位首席执行官，乔氏超市仍然能够忠实于他们的特质，正是这种特质将他们与大量的粉丝连接到了一起。

顾客为什么『粉』你

FIVE
DECISIONS
THAT
DRIVE
EXTREME
CUSTOMER
LOYALTY

受欢迎的公司与顾客之间的交流是直接的，没有矫饰的。这种交流通常有些出人意料，因为他们传递的信息往往可以像病毒一样自我复制和传播。谦虚，有时候带点幽默感，几乎没有冠冕堂皇之辞，这定义了受欢迎公司中的个人互动，因为这样的公司一直鼓励大家做他们自己。只需要乘坐一次或两次西南航空公司的飞机，你就会知道该公司的员工多么有幽默感并将这种幽默感带到他们的工作中。受欢迎的公司愿意以"没有一套公司语言和规则"的方式来开展工作，从而建立了人与人之间的联系。

这些决定和行动体现了真实的、受欢迎的公司背后的东西。他们把显示个人决定的东西带入到生意之中，让自己的行为影响决策的制定，顾客也用自己的亲身经历来影响他们的行为。他们再融入自己的商业触觉，从而获得了非同凡响的效果。

决定做真实的自己的公司吸引着顾客和员工。那么，你做真实的自己了吗？

- 管理者将自己的特质和领导方式融合在一起了吗？
- 你经常看你的发票，票据或合同吗？
- 当顾客给你公司打电话时，他们受到了怎样的对待？
- 你是规定还是指导员工的行事方式？
- 你讨论的是顾客还是合同？是保险政策还是家庭？

> 受欢迎的公司努力消除"大公司"和"小顾客"的感觉。

你是否……

打动了顾客的某根心弦?

鼓励雇员的个性和创造力?

人性化地交流,不带任何公司的矫饰?

根据顾客在生活中的样子来做决定?

顾客说你是什么样的人?

雇员会怎样描述你公司的个性?

你的故事:

你有多真实?

顾客为什么「粉」你

FIVE
DECISIONS
THAT
DRIVE
EXTREME
CUSTOMER
LOYALTY

108

05

以他们希望的方式提供支持

路的中间是白线区域，那是最糟糕的行车之处。

罗伯特·弗罗斯特

（ROBERT FROST）

以一种对顾客来说十分重要的方式来为顾客提供支持，这是受欢迎的公司每天都要做的事情。受欢迎的公司乐意做这种艰苦的事情，他们用每天辛苦工作来赢得顾客再次光顾的机会。

受欢迎的公司为顾客提供支持，这种做法推动了公司的繁荣兴旺。他们思考如何将事情做得更好，以便赢得顾客再次光顾他们的机会。受欢迎的公司提供的"体验"远远不只是执行经营计划。他们会让顾客觉得"还有谁会这样做呢？""我还能从其他地方获得这样的体验吗？""我想再次光顾他们。"受欢迎的公司在做生意的方式中体现出了可靠性，并从顾客的角度来看待他们与顾客之间的连接，这帮助他们赢得了发展的权利。

受欢迎的公司决定为顾客提供支持

"我们必须赢得与顾客保持长久联系的机会。"

1995 年 7 月，Amazon 售出了他们的第一本图书。图书销售的成功使这家公司在 1998 年增加了音乐产品，到 1999 年又增加了消费类电子产品、玩具以及游戏产品的销售。从那时起，该公司推出的每一类产品几乎都被顾客所接受：厨房用品、相机和照片产品、办公用品、服装、体育用品、美食乃至于健康和个人护理和高档饰品。如果公司经营初期，顾客在 Amazon 上的购书体验不够好，扩展其他产品销售的事情可能就不会发生。Amazon 公司了解到，顾客的忠诚度是必须努力去赢得的——而不是一种与生俱来的权利。该公司被称为是 2008 年假日购物季"最可靠的电子零售商"。Amazon 公司的成功证明了为顾客提供支持的力量。让顾客感到安心，满足顾客的期望，这推动了 Amazon 公司的业务增长。

能够赢得顾客的信任，让顾客感到安心的公司，往往会让顾客渴望再次获得他们提供的体验。虽然在互联网上购买图书现在已并不新鲜，但当 Amazon 第一次推出这种购书方式时，我们的生活就发生了变化。他们为我们提供了在家门口拿到图书的舒适和喜悦。这不只是因为他们业务精湛，更是由于他们在送交我们购买的东西时饱含的热情与体贴。谁都希望一次又一次地重复这样的体验。

受欢迎的公司提供顾客渴望拥有的东西

顾客为什么「粉」你

FIVE
DECISIONS
THAT
DRIVE
EXTREME
CUSTOMER
LOYALTY

《消费者研究》杂志刊登过一篇名为《欲望之火：消费者激情的一个多点调查》的文章。文章称，有一个普遍的共识是，很多消费如果不是全部的话，都被错误地定性为与满足需要、效用最大化和理性选择有关。想想那些深刻影响你的服务和体验，你渴望重复这些体验，不仅仅是因为从中获得了效用，也涉及到商家如何触动你，如何对待你，以及带给你怎样的感受。

下面我们用一家生产儿童塑料饮水杯的公司来举例。虽然从表面上来看这家公司的产品不怎么起眼，但它十分重要，因为任何有孩子的人都知道，好的饮水杯可以帮你在哄孩子睡觉和进餐时省下不少事。大多数公司是由传统的顾客焦点小组来决定公司应该生产什么类型的饮水杯。所以焦点小组找到一群顾客，并在桌子上放置不同的几个饮水杯，然后主持人询问每一位顾客喜欢哪一个。每一个顾客都会选择一个饮水杯，但这并不意味着他们对那个杯子感到满意，也许某个顾客想要用吸管的饮水杯，但该公司没有花时间去了解顾客的生活。在缺乏真正令人满意的杯子的情况下，顾客只能将就着从现有的饮水杯中挑一个出来。

而受欢迎的公司的出发点是顾客不是杯子。他们更想理解购买饮水杯的年轻母亲的情感——了解她希望拥有什么样的杯子，而不仅仅是将就使用现成的。他们想了解她的生活，了解她需要什么，然后从她的角度创建一个解决方案。当顾客的需求、情感和愿望成为产品和服务开发的灵感时，解决方案往往都会更加令人满意。受欢迎的公司充满了好奇心，他们希望了解顾客在每一次互动中的情感，这是他们做决定的一个特征。

作为消费者，我们已经习惯了从现有的东西中做选择。受欢迎的公司每天都在努力制止这种情况的发生。他们超越了"执行任务"层面，热衷于提供顾客所渴望的体验，正是他们了解顾客所渴望拥有的东西让他们与众不同。在饮水杯的例子中，促使一位年轻母亲去购物的，不是一个杯子的效用，而是她想帮助孩子成长，帮助孩子入睡。正如在这个例子中一样，受欢迎的公司也超越了"需要一个杯子"的明显效用，触及到了顾客的内心情感和需求。这些公司与顾客建立了持久的情感纽带，顾客们在孩子长大之后仍然会记得这些公司，这是因为曾经在某个阶段，他们是顾客生活中的重要组成部分。

大多数的公司是在出售饮水杯，而受欢迎的公司是在为父母提供支持。受欢迎的公司了解顾客的愿望、需要和渴望，通过以顾客希望的方式为顾客提供支持，他们赢得了让顾客传播他们故事的机会，顾客们希望别人也获得他们享有的体验。这就让公司赢得了发展的权利。

有这种意识的公司会迅速发展起来。他们靠口碑获得有机增长，顾客大军会一遍又一遍地传播他们的故事，并敦促其他人进行尝试，而这不仅仅限于消费者业务中。B2B（business-to-business，企业对企业）公司 Rackspace 为电子商务零售商、游戏网站、在线广告机构等各种客户提供技术支持。自成立以来，Rackspace 获得了 50% 年增长率。而最令人印象深刻的地方在于他们的增长是有机的，也就是说主要是通过忠实客户的口碑获得成长，这些客户非常喜欢他们提供的服务。

Rackspace 公司通过想象 IT 经理的生活来获得增长。IT 经理们必须决定是自己创建和管理网站，还是把部分工作委托给别人来做。Rackspace 公司了解到一些 IT 经理希望由别人来负责管理他们的服务器。这意味着他们不仅想要外包服务器，也想在出现问题时（这是不可避免的）外包相关的责任。在大量的托管公司中，Rackspace 是第一个理解这一点并将其融入到公司 DNA 中的。客户的声誉有赖于其网站的可靠性和后台运营。通过依照客户的愿望为顾客提供支持，Rackspace 公司改变了 IT 托管服务领域的面貌，并赢得了客户传播其故事的机会。

> 绝大多数公司是在出售饮水杯，而受欢迎的公司是在为父母提供支持。

Rackspace 公司技术支持经理西蒙·纽曼是一个广为流传的故事的主角。某天，纽曼正在与未婚妻约会时，接到了一个抓狂的客户打来的电话：有黑客闯入了这个客户的服务器，他的业务和声誉受到了威胁。于是西蒙中断约会，去他的办公室和客户碰面，让客户平静下来，并开始工作。西蒙在 4 个小时内完成了通常需要 24 小时才能建成的新服务器。然后尽职尽责的西蒙没有找快递员，而是亲自开车横穿城市，把新的服务器送到了客户那里。当天夜里，西蒙找来了 Rackspace 公司的技术人员，安装调试好了新的服务器，让客户得以重新营业。

Rackspace 公司将这种状况称为"狂热支持"。公司要经营业务并获得发展，就需要有这样的行为。Rackspace 设身处地为顾客着想，并创造了一种从顾客的角度来看十分出色的体验。技术市场上有很多服务提供商和技术支持人员，但大多数都无法提供 Rackspace 公司的客户体验过的可靠性和激情。"狂热支持"推动了 Rackspace 公司的发展。

对另一家公司来说，执行顾客生活中的平凡任务就是其增长的引擎。"1-800-GOT-JUNK？"公司已经成为了世界最大的，以"为顾客提供支持"为基石的垃圾搬运公司。通过想象人们处理家庭琐事的情形，提供一个可靠的服务体验作为替代，他们成为了世界上最大的垃圾搬运公司。

"1-800-GOT-JUNK？"的创始人布赖恩·斯卡德莫尔想象顾客们想要摆脱垃圾时的场景，然后决定建立一家"垃圾的联邦快递"。对他来说，这意味着模仿联邦快递的可靠性。当你致电"1-800-GOT-JUNK？"时，你知道会得到什么样的服务，你什么时候可以获得这项服务，以及他们的员工看上去是什么样子，会做哪些事。顾客可以进行网上预订（www.1800gotjunk.com），也可以拨打他们的免费电话。当你打电话时，会有一个热情的接线员接听你的电话。你可以指定一个两小时的服务窗口。在这段时间内，他们的垃圾车会开到你的房子旁边。这不是一辆生锈的破卡车，而是一辆闪闪发光的蓝色五十铃卡车，它是上翻盖的，让你看不到里面装的垃圾。走出卡车的是身穿制服、戴着手套的工人，看上去神气十足！把你的垃圾装上卡车后，他们还会打扫原先堆放垃圾的地方，无论这个地方是车库、地下室还是阁楼。他们会分离出可回收的垃圾，会谨慎地对待像汽车电池这样需要特殊处理的垃圾。这是一项出乎很多人预料的良好体验，甚至可以说相当令人难忘。

> 每家受欢迎的公司都做出了和顾客相关的决定，这些决定标志了他们在市场中的位置。

你为你的顾客提供支持了吗
是以他们希望的方式来提供支持的吗

下面让我们一起来解读来自不同行业的一些公司做出的决定。受欢迎的公司了解他们必须不断地赢得和顾客保持关系的权利，他们带着这种了解来做决定。而这开始于在顾客需要他们的时候，以顾客希望的方式为顾客提供支持。

在每一个案例中，公司都做出了不寻常的决定，这些决定把他们和顾客连接起来，因为他们：

- 体会顾客的生活。
- 目的很明确：为顾客的生活提供方便。
- 从顾客的角度来为他们提供体验。
- 以可靠的方式开展业务。

对于受欢迎的公司而言，顾客的生活细节激发了他们的行为、行动以及业务的经营。公司与顾客之间的互动也告诉了顾客，公司对他

们生活中的某个方面是很重视的。可靠性促使顾客愿意传播从喜爱的
公司那里获得的体验。你也能够以这种方式来做出决定。

决定权在你的手中！

Zara 决定投资产品更新速度而不是广告

决定的意图：创建"快时尚"

Zara 希望一件产品从概念产生到推向市场——即出现在店铺的货架上，供顾客挑选购买——只需 15 天的时间。这种快速引入产品，不断变化库存的做法不仅导致产品"消失"得很快，也吸引了顾客再三光顾 Zara。"快时尚"是 Zara 吸引顾客的磁铁。顾客会经常进入 Zara 店铺看看有什么新款服饰上架，哪些单品需要赶紧入手，否则就再也买不到了。Zara 的"快时尚"也意味着灵活地听取并响应顾客的要求。Zara 的母公司 Inditex 表示，如果有足够多的顾客要求购买某件单品，那么这件单品可以在 10 天之内出现在 Zara 商店里，以满足顾客的需求。

动机：用"快时尚"吸引顾客再三光顾

对顾客的了解推动了 Zara 在产品设计、制造和储存方面的决定。Zara 了解到一些"时尚人群"希望成为拥有某件单品的少数人之一，正是这种情感愿望把顾客吸引到 Zara 店中，让他们不断购买 Zara 服饰。为了持续赢得顾客的忠诚，Zara 将设计、制造和分销整合在"快时尚"做法中，由设在西班牙拉科鲁尼亚的 Zara 总部负责操作。为了增加独特性，每一种风格的服饰他们只生产一小批。Zara 有 300 位设计师，每年推出 2 万种新设计，顾客们总可以在 Zara 的店铺里找到数量有限的新单品。通过这种方式，Zara 营造了一种"购物紧迫感"——你喜欢的蓝色上衣可能到明天就再也买不到了。

影响：顾客每年光顾 Zara 店铺 17 次

通过了解"时尚人群"的情感愿望，Zara 改变了时装零售业对成功的定义。顾客平均每年光顾 Zara 店铺 17 次，光顾其他零售店 4 次。Zara 的"快时尚"做法让他们有更多的产品以全价售出：Zara 的产品中有近 85％以全价售出，而零售业的平均水平只有 40％。最重要的是，由于顾客成为了 Zara 的传播员，公司的广告费用大大减少了：Zara 的宣传费只占销售额的 0.3％，而竞争对手为 3％到 4％。

你有多了解顾客的生活呢？什么东西会让顾客心动呢？你有自己的"快时尚"版本吗？

你 **了解** 你的 顾客吗？

顾客是如何度过一天的会启发并告诉你应该采取什么行动吗？

你是否打算基于顾客的生活方式来影响他们的生活？

以他们希望的方式提供支持

Umpqua 银行决定推出个性化的服务

决定的意图：为人们的生活提供支持，而不仅仅是执行任务

Umpqua 银行致力于为每位顾客提供个性化的体验。Umpqua 的"文化提升"执行副总裁史蒂夫·梅有一个目标：让每位职员都能够办理任何一项业务。Umpqua 银行希望柜员可以办理抵押贷款申请，贷款人员也能处理保险箱业务。而且不同于一般银行的是，Umpqua 还基于他们所在社区的兴趣定制个性化的银行体验。公司让不同社区的银行经理根据顾客的兴趣爱好来定制自己的产品，因此一家 Umpqua 店铺（他们不使用"分行"这个词）可能会开办瑜伽班，而另一家店铺则会举办"电影之夜"或成立编织俱乐部。每家店铺都有自己的专项基金，可以根据他们所在社区的顾客生活来定制个性化的体验。

动机：让 Umpqua 成为社区群众的一个目的地

Umpqua 的使命是：通过提供一个符合社区兴趣的温馨环境，让走进 Umpqua 大门的每一位顾客都获得个性化的服务，从而成为顾客的目的地。Umpqua 希望顾客觉得 Urupqua 银行是他们的商店，是他们聚会的地方，他们可以在那里听听音乐，享用咖啡或参加一个瑜伽班！Umpqua 店铺让人感觉更像是一个居民区聚集点，而不是一家银行。

影响：职员流失率只有银行业平均水平的一半

Umpqua 从提供传统的"银行式"服务转变成为每个顾客带来个性化的体验，在这个过程中，员工必须要学会很多种业务。一开始，这意味着更多的工作，但现在他们已经无法想象像以前那样只专门处理某项业务了。随着 Umpqua 从 6 家门店扩张到 148 家门店，工作人员也从 350 名增加到 1800 名，Umpqua 把重点放在顾客和公司赖以立足的价值观上。他们留住了雇员，Umpqua 员工的主动流失率只有 20%，而银行业的员工平均流失率为 40%。2008 年，Umpqua 银行连续第二年进入《财富》杂志评选"最佳雇主 100 强"名单，这证明了该公司重心的改变不仅有益于顾客，也有益于员工。

你的公司提供个性化服务吗？你的环境让顾客感到满意吗？你如何让顾客把你的公司当作是日常生活的一片绿洲呢？

顾客为什么『粉』你

FIVE DECISIONS THAT DRIVE EXTREME CUSTOMER LOYALTY

你的顾客
希望
看到你吗？

你做决定的基础是"执行任务"，还是"提供体验，丰富顾客的日常生活"？

以他们希望的方式提供支持

赞恩自行车店决定免费赠送价格不到 1 美元的零件

决定的意图：成为顾客购买自行车的"首选"

想象一下这样的情况：星期六上午，一位父亲带着一个失望的孩子，推着一辆链条断掉的自行车在路上走。爸爸已经去过了五金店，但是没有找到合适的配件。在走了两站路后，父子俩已经筋疲力尽，心情沮丧，这时他们看到了赞恩自行车店。短短几分钟，他们就找到了可以修复链条的东西：一个价值25 美分的配件。店员递过配件，平静地说"不收费"。赞恩车店决定不向顾客收取便宜零件的费用：任何价格在 1 美元以下的零件都免费提供给需要它的顾客。虽然这些配件价格很低，但它们通常都和某些令人沮丧的经历有关。克里斯·赞恩说："我既可以收 1 美元、2 美元的费用，也可以直接送给他们。那么我就免费送给他们，还加送一个备用件。"

动机：给顾客留下良好印象，把顾客与商店连接起来

赞恩自行车店希望成为顾客在自行车方面的生命线，这意味着偶尔可以赠送顾客一个自行车配件，尤其是在那些令人沮丧的时刻。赞恩希望通过建立难以磨灭的回忆来建立牢固的关系。克里斯·赞恩非常精明，他知道在这样的时刻里，顾客会对赞恩车店产生情感，而这会在未来转化为良好的店客关系。赞恩车店致力于为每个顾客提供美好时刻。之所以这样做，是因为赞恩相信，在令人印象深刻的互动中，他们可以向顾客证明：1. 赞恩车店会一直对他们很好；2. 在涉及到和自行车有关的任何事情时，赞恩车店是最好的（唯一的）去处。赞恩为什么要这样做呢？因为这是一件正确的事情，因为这些善意的举动给他们带来了好处。赞恩的做法显然也增进了店铺和顾客之间的关系，推动了店铺的业务发展。

影响：赞恩车店用人情味赢得了市场份额

在顾客感到沮丧时，赞恩车店提供了不附加任何条件的帮助，这样的记忆会把顾客带回到赞恩那里。而一旦顾客再次走回赞恩车店，通常会购买产品。每个顾客在赞恩车店的平均支出是12,500 美元。所以，你可以算一下。你会不会花 1 美元来留下一个好印象，吸引一位可以让你入账 12,500 美元的顾客呢？

你鼓励员工每天、每月或每一年给顾客留下多少个好印象呢？想象一下，收取一些小钱会让你错过什么样的善举，损失什么样的未来顾客？

你准备做出
英雄式
的善举吗？

是否每个员工都愿意做出某些善举？

他们得到这样做的许可了吗？

你每天都会赞扬他们的英雄式善举吗？

以他们希望的方式提供支持

Newegg 网站决定只显示那些可以立即发货的商品

决定的意图：不做无法实现的承诺

从那些刚刚开始使用新技术的菜鸟到技术迷，很多人都非常喜欢 Newegg。其中一个很重要的原因就是 Newegg 公司向顾客展示了真实的库存量。当某件商品售完时，Newegg 公司会立即在网页上显示该产品无货，或是直接把它从网站上删除。Newegg 公司抛弃了电子产品和技术零售商通常采用的一个做法，即显示有大量的库存，让顾客以为他们要购买的东西可以立即出库，然后当顾客下单后，零售商再向供应商订购相关商品。在这一行做过的人都知道这种做法。这种做法当然是对商家有利，而不是对顾客有利。他们收了顾客的钱，却让其他商家来"履行"订单，而顾客只能等待、等待、再等待。

动机：通过为顾客提供可靠性服务来获得发展

Newegg 网站知道，顾客在下单之后就会开始盼望早日收到商品，因此 Newegg 网站致力于为顾客提供可靠的服务。如果你能在他们的网站上购买某件商品，那么 Newegg 就能保证这件商品会尽快出库。很多网上电脑与电子产品零售商在收到顾客的订单后都会让顾客等待，而 Newegg 网站跟他们形成了鲜明的对比！拿了顾客的钱，却不知道什么时候可以发出商品，这种事 Newegg 网站是不会做的。

影响：自 2001 年以来，Newegg 网站的注册用户已增加到 1100 万

Newegg 网站自 2001 年收到第一笔订单以来，其注册用户已增加到 1100 万人。这不仅仅是因为他们的库存充足，也是由于他们提供的购物体验很可靠。平均每天有 60 万访问者到这个网站的论坛上与大家聊天，当然也会在这里下单。Newegg 网站每天要处理 4 万笔订单，顾客觉得可以信赖 Newegg，所以他们会访问这个网站。更重要的是，顾客们把他们对 Newegg 网站的爱体现在了销售额上。作为全美第二大只经营网上业务的零售商，Newegg 网站在 2007 年出售了约 19 亿美元的商品。在 2008 年感恩节后的第二天（这一天通常被视为购物季的重要风向标），Newegg 网站上的购物者是 2007 年的 3 倍多。2008 年 12 月，该公司的销售额比前一年同期增长了 178%，而行业平均水平仅为 1%。

顾客为什么「粉」你

FIVE DECISIONS THAT DRIVE EXTREME CUSTOMER LOYALTY

你会把
订单
当作是一种
责任吗？

当顾客有需要时，他们相信你能满足这些需要吗？

你能如顾客期望的那样快速履行订单吗？

以他们希望的方式提供支持

商业银行决定使用硬币回收机

决定的意图：在营业大厅创造戏剧性气氛

你曾经有过这样的经历吗——拿着一袋子面值不一的硬币去银行，想把它们包装成筒状或者兑换成纸币。大多数银行都会要求你首先有一个账户，而即使你已经有了一个账户，关于如何把硬币包装成筒、如何打标签，也有很多规定。而且，每包装一筒硬币还会向你收取相应的手续费。商业银行（现已被道明银行收购）则希望为那些有大量硬币要处理的人提供一些帮助。

动机：硬币回收机像磁铁一样吸引顾客

商业银行认为硬币回收机是一个"磁铁式"的服务，可以把人们吸引到他们的银行里。银行也知道，硬币回收机除了可以用来兑换硬币之外，还有助于拉近人们的关系。所以他们在每个分行里都安装了硬币回收机，把它作为一种给人们提供娱乐的方式。使用这种机器不需要交纳使用费，也不一定要有商业银行的账户。当你把硬币投进去，看到机器吐出收据时，会非常兴奋。当然你立即可以把收据兑换成现金，然后把它存入你的账户中，或是用它来开一个新账户。

影响：2007年，有500万人围观硬币回收机

2007年，这个"磁铁式"服务吸引了500万顾客和非顾客前往商业银行围观和亲身体验，其中有些人因此成为了该银行的顾客。将这种状况具体换算为新开了多少家支行，带来了多大的增长是不可能的。但是硬币回收机确实极具吸引力：你进入商业银行，使用这种免费的硬币回收机，不到10分钟，你就可以开一个即刻使用的新账户了。而且商业银行完善了这一过程，因此硬币回收机用户们纷纷要求开立账户，甚至有时候会排起长龙等候以使用它。很明显，硬币回收机是一种"磁铁式"服务，在2004年至2007年的3年中，商业银行（现为道明银行）的支行数目从96家发展到了185家，增加了将近一倍。

你的

"磁铁式"

服务是什么？

你可以做些什么来让顾客知道你为他们服务的诚意呢？

你可以提供什么来帮助你的顾客并吸引他们呢？

以他们希望的方式提供支持

Threadless 网站决定把控制权交给顾客

决定的意图：让顾客设计他们想穿的 T 恤

Threadless 网站创办于 2000 年。在那之前，艺术家杰克·尼克尔在一个网上论坛的 T 恤设计比赛中胜出。尼克尔经常到这个名为"Dreamless"的网站上与其他插画师和程序员分享设计图。网站成员们经常会贴出设计图，为对方的作品提建议，并举行非正式的设计比赛。尼克尔想："如果把 Dreamless 社区中最好的设计印在 T 恤衫上并进行销售，情况会怎么样呢？"

动机：因为顾客参与产品设计而带来了成功

创办 Threadless 社区最初只是为了给艺术家和设计师们提供一个地方，让他们可以提交自己的设计，并将这些设计制作为 T 恤衫。这个点子导致了社区的高速发展，社区成员远远超出了最初入驻 Threadless 的图形和计算机设计师圈子。顾客非常喜欢"参与设计、选择和购买产品"的想法，这让 Threadless 社区规模从只有一小群网页设计师发展成为拥有数十万名狂热的消费者。让设计师提交 T 恤设计，然后让顾客投票选择制作哪一款 T 恤，这个想法引起了大家的兴趣，也给 Threadless 带来了丰厚的利润。公司开业的头两年，Threadless 社区就发展到了十多万人。到 2008 年时，社区成员已达 70 万之多。

影响：所有产品最终都会被买走

Threadless 已经成为了一家"顾客享有，顾客治理"的公司。它在 2004 年底时还只有 7 万名成员，到 2008 年时，成员量增长了 9 倍，达到 70 多万人。顾客主导着公司的工作：他们提交设计，进行投票，购买产品，彼此交谈，有些甚至还在这家公司里工作。因为顾客们会投票决定制作并出售哪款 T 恤设计，所以所有的产品最终都会被买走。2008 年，Threadless 公司总共出售了价值 3000 万美元的 T 恤，利润率约为 30%。这家公司没有从专业设计师、广告、模特公司或销售人员那里获得任何帮助，但他们每年的营收增长率约为 200%。

你如何吸引顾客的参与？在决定做出后，你是否寻求过顾客的验证？顾客是否参与设计并制作你的产品和服务？

顾客为什么「粉」你 FIVE DECISIONS THAT DRIVE EXTREME CUSTOMER LOYALTY

你能 **模糊**
顾客和公司
之间的界限吗?

受欢迎的公司会鼓励顾客参与制作他们需要的产品或服务,从而挖掘顾客的激情,使公司获得发展。

顾客参与你的产品设计和运作过程吗?

以他们希望的方式提供支持

爱德华琼斯公司决定
让资深顾问把一些客户移交给新顾问

决定的意图：确保带领新顾问走向成功

在爱德华琼斯公司，经验丰富的财务顾问需要将自己的一部分客户转给新来的同事，以帮助这些新顾问起步。新顾问至少会与一位老顾问搭档一年的时间，以便了解公司的运作状况，既从资深顾问那里获得宝贵的指导，又从他们那里接手一些客户。这保证了新顾问在自己的分公司开业时已经学到了最好的运作方式，并且已经和老顾问移交的客户建立了良好的关系。

动机：服务的连续性有益于客户关系的建立和发展

这个决定体现了爱德华琼斯公司的核心价值观，即合作、关切和志愿精神。成功的财务顾问吉姆·古德奈特于1996年做出这个决定，以帮助年轻的同事们开始自己的职业生涯。在该公司的新顾问中，有将近一半参加了这个现在被称为"古德奈特计划"或类似的培训过程。资深财务顾问认为它不仅对新入职的顾问很有帮助，对顾客也很有好处。在培训期间，顾客会受到资深顾问和新顾问的"双重照顾"。资深顾问也会希望公司赢得更多的市场份额，业务

蒸蒸日上，而且由于爱德华琼斯是合伙企业，资深顾问也会从"做对公司成长最有利的事情"中获益，即使这意味着他们需要把一部分客户移交给新来的同事。

影响：内部协作受到顾客好评

"古德奈特计划"涉及到的客户更容易成为爱德华琼斯公司的忠实客户，公司也留住了更多的新顾问，获得了更大的成功。资深顾问可以把精力集中在较少的客户上，强化这些关系。客户也注意到了这种情况并给予了好评。爱德华琼斯的员工主动离职率只有9%。在《商业周刊》的"顾客服务精英"排名榜中，爱德华琼斯的得分比所有上榜公司的平均水平高出50分，并且在2007年和2008年分别排名第六和第八位。自2006年以来，该公司每年都被《财富》杂志评为"最佳雇主100强"之一；2009年，爱德华琼斯在这个排行榜上位列第二。该公司的内部协作模式，是顾客喜爱它的原因之一。

请问你的资深客户代表会让出他的客户吗？为了实现公司的内部协作，你会做些什么？

顾客为什么「粉」你

FIVE
DECISIONS
THAT
DRIVE
EXTREME
CUSTOMER
LOYALTY

130

当提供服务的
具体人员发生变化时……
你的服务还会具有连续性吗?

受欢迎的公司把顾客锁定在他们的公司中,通过提供连续性的服务,表现出了对顾客的尊重。

你会让顾客与你的服务重新磨合一遍吗?当换了一个员工来为客户提供服务时,你的服务还会保持连续性吗?

Rackspace 公司决定为顾客消除"孤井"

决定的意图：消除推脱"烫手山芋"的现象

位于圣安东尼奥的 Rackspace 公司通过想象他们的客户，即 IT 经理的生活实现了增长。这是指 IT 经理们可以轻松地从 Rackspace 获得帮助、支持和服务，而不会被当作"烫手山芋"推来推去。为了做到让客户安心，Rackspace 公司采用团队结构为客户提供服务。Rackspace 网站对此的介绍是："你的电话不是由呼叫中心接听，你也不会在每次需要帮助时必须和不同的人打交道，你不会被从一位'专家'手里转到另一位'专家'那里。而且，最重要的是，你不会感觉你陷入了一个跟你作对，而不是帮助你的系统中。"

动机：明确为顾客提供支持的责任

根据这项决定，Rackspace 公司会以顾客希望的方式，用一种他们可以信赖的方法为他们提供支持。Rackspace 的每个团队都"五脏俱全"，包含了客户需要的所有人：客户经理、工程师、支持技工、计费员和数据中心专业人员。团队成员的共同目标与顾客的目标协调一致，而且团队是作为一个整体获得回馈和认可的，他们需要共同承担责任，以确保顾客的需求得到满足。这种结构确保了顾客在打电话给一个客户经理后，他的团队有现成的资源来为这位顾客提供支持。传统的"孤井"式公司结构往往导致一些客户像"烫手山芋"一样被推来推去，而在 Rackspace 公司里不会有这种现象。因此客户不需要担心什么时候给谁打电话的问题，Rackspace 公司采用的团队结构让顾客感到安心。

影响：在 11 年中，Rackspace 从一个价值 3400 万美元的公司发展成为一个价值 14 亿美元的公司

Rackspace 公司为全球 5.35 万名客户提供服务，"为 IT 经理提供支持"推动了 Rackspace 的发展。他们明白，选择托管服务器的人希望有人为他们的服务器负责。通过提供可靠和无缝的网站管理服务，Rackspace 让客户可以把精力集中在他们自己的业务上，而这也让公司赢得了增长的空间。2008 年 Rackspace 的营收和净收入显著增长；在这之前的 5 年中，该公司营收年增长率为 59%。2005 年底的营收为 1.39 亿美元，到 2008 年年底已经增至 5.319 亿美元，而且在这段时期中他们实现了盈利。

你让顾客们翻越你的组织结构来跟你做生意吗？你的顾客是在被转手好几次之后才获得了帮助吗？

顾客为什么「粉」你

FIVE
DECISIONS
THAT
DRIVE
EXTREME
CUSTOMER
LOYALTY

132

所有人都能
跳过"围栏"
为顾客提供服务吗？

你的组织结构图会避免让员工
们多付出一些努力吗？

员工在意他们坐在哪个位置上，
觉得自己有多重要吗？

以他们希望的方式提供支持

Zipcar 公司决定去学校吸引大学生顾客

决定的意图：为大学生提供车辆

成立于 1999 的 Zipcar 公司试图打破汽车租赁市场的旧模式，让顾客不仅可以按小时租车，还能获得新奇而酷炫的租车体验。Zipcar 通过将重点放在"酷"和"绿色环保"这两个关键词上，改变了租车市场的游戏规则。该公司把技术、社区和个性结合起来，迅速吸引了大批 35 岁以下的驾驶者。一位名为丽莎的耶鲁学生把 Zipcar 称为"交通工具的新风尚"。想要拥有一辆汽车，但又无力购置，这一直是高校学生和职场新人面临的一个难题。Zipcar 想为这个难题提供一个解决方案，而且这个解决方案需要对这群熟悉新技术、关心高涨的燃油价格、信奉社区力量的年轻人具有吸引力。Zipcar 的方案本身改变了游戏规则——学生们在宿舍附近的停车位就可以取车和交车，在网上就可以办理全部手续。

动机：大学生是新服务的尝鲜者，他们有潜力可挖

公司的首席执行官斯科特·格里菲斯说："苹果公司最初也是吸引大学生成为苹果产品的尝鲜者，我们借鉴了这一经验。"他们的目标是改变大学生在毕业时购买一辆汽车的传统做法。Zipcar 公司希望通过为大学生提供租赁汽车，尽早地与顾客培养关系。他们既为喜欢找乐子的人提供可爱的 Mini Cooper，也为那些希望有朝一日成为成功人士的学生提供宝马 5 系汽车。Zipcar 公司的目标是尽早与顾客们建立联系，并与他们保持密切的关系。Zipcar 租车体验很好地满足了高校学生的愿望。格里菲斯对这种体验的形容是："租一辆车就像从银行自动柜员机里取现金一样容易。"

影响："Zipster"粉丝群发展到 25 万人

自 1999 年以来，Zipcar 用户"Zipster"发展到了 25 万人。Zipcar 公司目前在北美和伦敦的 100 多所大学开展服务，总共有 5500 多辆汽车可供出租，而且已经有十多个国际化大都市采纳了 Zipcar 的租车理念。Zipcar 公司还与星巴克合作，鼓励人们尝试"Low Car Diet"生活方式。这个活动的参加者中有 58％大呼过瘾，表示暂时不会购买车辆。Zipcar 的首席运营官马克·诺曼说，该公司平均每个月增加 1 万名新顾客。当你的顾客回顾他们一生中的某个阶段时，如果他们曾在那个阶段使用过你的产品，他们还会记得你吗？

顾客为什么「粉」你

FIVE DECISIONS THAT DRIVE EXTREME CUSTOMER LOYALTY

你为顾客提供
了难以忘怀的
体验吗?

你知道在顾客的生命中哪
些时刻最需要你吗?

你提供的体验中有一些部
分是专为这些时刻准备的
吗?

你会为顾客提供支持吗?

以他们希望的方式提供支持

你的决定揭示了什么样的故事
你为顾客提供支持了吗

你想被顾客喜爱吗？那么，请想象他们怎样生活，了解他们，了解什么东西对他们来说很重要，然后在你和他们的生活有交集的时刻提供一些东西，让这些时刻变得更加美妙。请用你的行动向顾客展示，你在做决定的时候心里有他们。这样他们就会再次光顾你的生意，并向他们认识的每一个人推荐你。

受欢迎的公司不会在道路的正中间行驶，不会表现得优柔寡断和不负责任。他们非常关心如何以顾客希望的方式为顾客提供支持。他们想象顾客的生活，思考并反复思考他们将如何开展业务，以便能够赢得顾客的持续光顾。

有些公司明白，是感情将他们与顾客连接在了一起，这些公司会了解他们的顾客是谁，这些顾客有什么样的愿望。当他们发掘这些情感和愿望时，就有可能发挥商业想象力，做出让他们与众不同的决定来，而他们的生意也会因此而兴旺发达。

请记住，通常的公司是在卖杯子，而受欢迎的公司是在为父母们提供支持。他们分享顾客的愿望和梦想，并成为他们生活的一部分。你为你的顾客提供支持了吗？你赢得了他们继续光顾你生意的机会了吗？你在决定为顾客提供支持的道路上走了多远？

顾客为什么「粉」你

FIVE
DECISIONS
THAT
DRIVE
EXTREME
CUSTOMER
LOYALTY

- 你的出发点是顾客还是产品？
- 你开会时讨论的是销售目标还是顾客的生活？
- 你会想象顾客的日常生活情形吗？
- 你会为了改善顾客的生活而了解他们吗？
- 你是在卖杯子还是在为父母们提供支持？

你为顾客提供支持吗

顾客的生活告诉你该采取何种行为、行动和业务经营方式，并在这些方面激发了你的灵感吗？

你制定经营计划的依据是你重视的东西还是顾客重视的东西？

顾客可以轻易讲出与你提供的体验有关的故事吗？

你的故事：

你为顾客提供支持了吗？

FIVE DECISIONS

THAT DRIVE EXTREME

CUSTOMER LOYALTY

06
道歉的确是人性的试金石

在这一生中我不得不经常收回我说的话，我
必须承认，我一直觉得这种事有益健康。

温斯顿·丘吉尔
（WINSTON CHURCHILL）

如何道歉，这是你人性的试金石。你的生意有时会出现问题，让顾客感到失望，这是不可避免的。公司决定如何进行解释，做出反应，消除创伤，以及采取何种负责任的行动，这些都清楚地显示了他们对顾客的态度，展现了公司有着怎样的一颗"心"。当问题出现时，有智慧和风度的公司会承担起责任，而不是指责别人和逃避责任。真诚地道歉，修复与顾客之间的情感纽带，这是受欢迎的公司的一个标志。这会让我们更加喜爱这些公司。

当一家受欢迎的公司为出现的问题道歉时，其意图和动机是让顾客感到受重视，从而赢得继续和他们保持关系的权利。然而，修复与顾客之间的情感联系可能代价不菲。容易做出的道歉比较苍白无力，其目的只是为了"让事件早点过去"。受欢迎的公司往往会认为，直到他们与顾客之间的情感联系恢复了，道歉才算完成。他们把"恢复感情联系"变成了一个向顾客表达"除了我们还有谁会这样做"的机会。

> 修复与顾客之间的情感纽带，这是受欢迎公司的一
> 个标志，这会让我们更加喜爱这些公司。

就像阿伦·拉扎尔在《道歉》一书中指出的那样：很多公司都把道歉当作是认输，觉得这是一个"总和为零"的游戏，有人胜出，有人输掉。一些公司觉得，当他们向顾客道歉时，公司就遭受了损失。但实际上情况恰好相反，带着谦虚之情和自责之心及时道歉，这是在伸出橄榄枝，不仅可以修复中断的联系，还会使彼此建立一种更牢固的关系，让顾客和公司双赢。

在这个全球化高速发展的情况下，重要的不仅是道歉的内容和语气，道歉的速度也至关重要。例如，苹果公司在新的 iPhone 推出后仅几个星期就下调了它的价格，这个决定在几分钟之内就在博客圈中闹得沸沸扬扬。iPhone 粉丝之前曾经排长队等候 iPhone 出售，想成为第一批 iPhone 机主，苹果这么快就下调了价格让这些粉丝大吃一惊。苹果的首席执行官史蒂夫·乔布斯表示了歉意：在苹果专卖店或苹果网上商店购买过任何产品的人都收到了价值 100 美元的店内积分。但是，苹果的失策在于没有跟最早的一批 iPhone 机主沟通价格调整一事。当你在公司内部采取一个行动时，你的顾客和其他受影响的人很快就会听说并讨论这件事。

受欢迎的公司决定在出现问题时道歉

罗伯特·莱特在他的著作《非零时代：人类命运的逻辑》中说："当事情出错时，我们会怀着谦卑之心采取行动，我们会把问题纠正过来。"他解释说，如果从"非零"的角度寻找解决办法，即不一定非要分出"赢家"和"输家"，那么我们大家都会过得更好。莱特表示，因为我们与他人存在着互相依赖的关系，无论是在公司和他们的顾客之间，

顾客为什么「粉」你
FIVE
DECISIONS
THAT
DRIVE
EXTREME
CUSTOMER
LOYALTY

或者是在家庭成员之间，"非零和"的解决方案是最理想的。在生意场中，情况确实也是如此。受欢迎的公司并不把道歉当作是认输，而是把它当作"成为更好的公司"的一个组成部分。

为业务上的问题、服务中的差错，以及不可抗的悲剧事件或失策的举措真诚道歉，可以推动公司的发展，因为良好的道歉行为加深了顾客与公司之间的联系。体贴周到的道歉重点在修复和保持与顾客之间的关系上，在那些受到影响的人以及和他们有关系的人身上。

这些公司承认并修复错误的方式是"非零和"的，所以公司和顾客双方都会是赢家。顾客觉得他们获得了尊重和帮助，公司则会继续发展兴旺。这种解决方案顺应了人类的天性，是让双方都受益的"和平方案"。良好的道歉行为是公司和顾客之间一个重要的"和平进程"。

这个"和平进程"发出的信号是：顾客很重要，公司会照顾好他们。它由以下 5 个部分组成：

- 迅速做出反应。
- 对顾客正在经历的事情表现出同情。
- 接受问责。
- 做出诚实的解释，并承诺进行改善。
- 伸出橄榄枝：纠正问题，并修复与顾客的关系。

重要的是，受欢迎的公司不仅善于道歉，也善于做出本书中描述的其他 4 个决定，所有这些决定都有助于他们做出有意义的道歉。这就是为什么道歉被排在了 5 个决定中的最后。在出现问题的艰难时刻，受欢迎的公司以谦虚的态度做出道歉的决定，为顾客提供了妥善的解决方案，表明了他们非常注重与顾客之间的关系。

相信别人，这让公司可以做出真诚的道歉而不必顾虑受到顾客、员工或律师的冷嘲热讽。他们可以抛开担忧和怀疑，真诚地说出："我们很抱歉。"

明确的宗旨，让公司能够明确地知道采取什么样的行动并果断地采取这些行动，从而避免情况恶化并进行改善。那些没有明确宗旨的公司可能觉得有一个道歉就足够了。

做真实的自己，这让公司采取了一些发自内心的、真诚的和个性化的行动。当确定的整个顾客关系的基调已经存在时，同情和由衷的歉意就会自然而然地流露出来。

以顾客希望的方式为他们提供支持，这让公司能够获得预警信号。当事情偏离轨道的时候，公司会知道有问题出现了，他们采取主动的方式来对待，提前考虑到最常见的问题，并做好处理的准备。

西南航空公司每天会采取主动的方式来向顾客说"对不起"。每天早晨，他们都会开一个名为"MOM"（Morning Overview Meeting）的晨会，这个富有感情的名字不是随意取的，而是西南航空的名誉主席科琳·贝瑞特想出来的。MOM晨会的目的是从乘客的角度来考虑西南航空提供的服务。每天的晨会都会回顾前一天的情况——不是从公司的角度来看，而从乘客的角度来看。公司想知道乘客在乘坐他们的航班时经历了一些什么样的事情，在服务和延误方面出现了什么状况，以便赶在乘客与他们联系之前就主动采取行动。

> 体贴周到的道歉重点在修复和保持与顾客之间的关系上。

顾客为什么「粉」你

FIVE
DECISIONS
THAT
DRIVE
EXTREME
CUSTOMER
LOYALTY

比如，你刚刚乘坐了西南航空公司的航班。登机的时候很愉快，你找到了你想要的座位，开始吃免费的花生。但是航班起飞延迟了，然后天气状况也不太好，你错过了联程航班。终于，你在凌晨两点时回到了家。第二天，西南航空公司的邮件就到了……他们做出了诚挚的道歉和真诚的解释，承诺以后会改善这种状况，并表现出要弥补你的姿态。你刚才还在想如何向西南航空表达不满，但在你打开这封邮件后，就不会再去抱怨这事了，你有些许的惊讶，更有些欣赏西南航空的这种做法。某些收到过这种邮件的乘客甚至说他们当时感到很高兴。

是谁发的这封电邮呢？当然，你可能会认为它是系统生成的。但其实不然。你收到的是西南航空公司"主动式乘客服务沟通团队"成员创作的个性化邮件。"下次不如换家航空公司"的想法很快就从这些乘客的脑海里消失了，他们现在想的是"我爱西南航空"！这就像魔法一样神奇。

为不佳的体验主动道歉，这对西南航空来说是一笔好买卖。公司迅速进行沟通，主动认错，并承诺将来会做得更好，从而向乘客伸出了橄榄枝。2007 年，那些接受了"主动式顾客服务沟通团队"道歉的乘客，再次的光顾为公司带来了 180 万美元的净回报。西南航空每年给 5 万名乘客发出这样的道歉信，这些乘客形成的"销售力"所带来的投资回报远远超过了用人情味来打动家人、朋友和同事尝试西南航空的方式。

道歉这种"非零和的做法"也以一种突破性的方式出现在医疗行业中。多年来，医生、护士和其他医护人员为了避免增加医疗纠纷往往都会避免向患者道歉。这个行业正在学会不要担心和怀疑患者，避免向患者及其家属道歉的行为正在被同情和开放的沟通所取代。跟人们的直觉不同，这是一个"非零和"的方式。没有哪一方会成为输家。

这种变化主要是由一个名为"Sorry Works！"的联盟推动的。该联盟创始人道格·沃尼奇夏克的哥哥在一起医疗事故中过世。在这起悲剧发生之后，沃尼奇夏克和他的家人希望医院能表现一些人性化的关心。他们要求医院道歉，并公开解释发生了什么。当这一点无法实现时，沃尼奇夏克的家庭退而求其次使用了法律手段：为了得到答案，他们起诉了医院和医生。有感于自己的亲身经历，沃尼奇夏克创办了"Sorry Works！"联盟，敦促医疗部门重新思考该行业中流行的缺乏同情心的做法。

"Sorry Works！"联盟提倡的一套程序不是要增加医疗事故诉讼案件的数量，而是要推动医疗部门增加透明度，提供快速而富有同情心的解释，并在有需要的时候对患者及家属表示诚挚的歉意。"Sorry

Works！"对医院的好处是减少了诉讼案件，对患者和律师的好处是减少被侵权的状况。当真正的同情心、倾听和对话取代了法律协议时，由此带来的开诚布公也减少了医疗事故。

真诚地说"我很抱歉"会带来回报

在采用"Sorry Works！"联盟的程序 5 年后，密歇根大学医院的索赔和未决诉讼案的数量出现了稳步下降——2001 年 8 月为 262 件，2006 年同期下降为 104 件。该医院的法律开支也下降了 50%——从 1997 年的 4.8 万美元降至 2003 年的 2.1 万美元。诉讼案的平均处理时间也从 20.7 个月缩短到 9.5 个月。

除了医疗行业之外，其他行业的公司也可以从真诚和积极的致歉方式中受益。当公司和顾客都能够把诉讼手段暂时放在一边，代之以开诚布公的对话时，令人惊喜的结果就会出现。在零和游戏中，"赢家会拿到一切"。相较于在法庭上唇枪舌剑，公司和顾客更喜欢边喝咖啡边进行讨论。《道歉》一书的作者阿伦·拉扎尔说："道歉是一种强大的解决冲突的建设性方式，它以某种形式嵌入在宗教和司法制度中。这是一种社会化的倾听方法，当我们在这个星球上共同生活的方式发生彻底变化时，它的重要性也在不断增加。"这也就是说：一个良好的道歉胜过法律制度。只要道歉是真诚的，并且致歉的一方的确在努力进行补偿。当出错的一方真正进行了反省，并努力去做正确的事情时，事情会了结得更加圆满。这就又回到了我们的黄金法则上。

> 一个良好的道歉胜过法律制度。只要道歉是真诚的，并且致歉的一方的确在努力进行补偿。

很多人可能不知道割草机行业会涉及较多的诉讼案件。如果用户使用割草机的方式不正确，可能会受到严重的伤害，当然，有些时候割草机本身也会出现问题。

　　总部设在明尼苏达州卢明顿的割草机制造商托罗公司会向那些在使用他们的产品时受伤的顾客说"对不起"，无论过错方是谁。他们真心为受伤的顾客感到抱歉，也会把这作为与顾客交谈的开场白，然后交谈就会从"受委屈"转移到双方讨论事故发生的始末上。托罗公司在确保顾客没有大碍，受到了关心之后，谈话往往会转移为"让那个割草机靠近我的腿真是愚蠢"和"告诉我们，我们的产品怎样才能变得更好呢"。这种积极的决定和这些行动导致的结果是，托罗公司从1994年开始就从未上过法庭。当有顾客要求索赔时，他们不是直接找律师解决，而是关心受伤的顾客，与他们进行交谈。结果有95%的索赔都在调解的当天或不久之后就解决了。安德鲁·拜尔斯是托罗公司负责产品诚信事务的高级经理，他说："索赔不是目的。这些人往往只是想有人听他们倾诉。"事故赔偿的过程通常被当作涉及大量法律法规的任务来执行，但通过人性化的沟通，托罗公司在财务上和名誉上都获得了回报。

　　在大多数情况下，真诚的道歉并不需要你成立一个委员会或进行法律评估什么的。大多数道歉都应该是在公司知道出现了问题时自然的反应。第一个听到消息的人就应该做出恰当的反应。Lands' End公司和比恩公司都给予了一线员工做正确事情的自由。他们相信这些员工可以运用自己的判断力，根据情况做出反应，并采取正确的行动。员工们有能力为差错道歉，维系公司与顾客之间的感情纽带，这一点无需置疑。

　　1988年，Lands' End公司决定在邮购目录的封面上向顾客承认，制作衣物的人也会有差错。剪切布料的是我们的双手。原材料也不会完全一致，缝制成衣、鞋和行李袋的不是机器，而是人。就这样，公司向顾客积极地伸出了橄榄枝，提前承认有时会有差错出现，但是只要你从

Lands' End 公司购买了东西，如果你收到的产品不符合标准，那么公司就会负责到底。这强化了公司无条件退换的保证，让顾客感到安心。当偶尔有失误发生时，公司就会从顾客的角度出发来纠正问题。这条信息末尾写道："剪切面料的是电动刀具，但操作刀具的是人。缝纫机操作者也是人，和我们每个人一样，他们也会有差错——我们在进步，但仍然没有达到十全十美的境界，因为人类无法做到完美。偶尔会出差错，这就是为什么我们会提供质量保证的原因，我们为你提供终身质量保证。"

这条消息让 Lands' End 变得人性化了。公司的解释和质量保证把他们和顾客拉得更近。当出现差错时，它给一线员工提供了用来救援顾客的依靠。

如果一线员工拥有做正确事情的自由，他们可以在几分钟之内让一些人一整天都有好心情。受欢迎的公司为直接与顾客互动的员工提供了一种保障，让他们在异常状况出现时可以道歉并立即作出反应。日常生活中，比如在杂货店购物、入住酒店、或取回干洗衣服的时候，难免会出现一些岔子。这时你只需要多付出一点努力，就可以让顾客下次再来光顾你的生意。提前多想一点点，可以让你和一线员工做好准备，使顾客满意。

像西南航空这样受欢迎的公司每天都会检讨其营运状况，了解发生了哪些问题，然后解决这些问题，主动联系受影响的顾客。他们在问题发生的时候识别和解决问题，而不是等着顾客事后来找他们。

总之，道歉确实是人性的试金石。在公司致歉的时候，外界可以看到公司（和公司内部的人）的本质。真诚的道歉证明了顾客对受欢迎的公司抱有信心确实没有错。

如何正确道歉的故事

我承认，找到一套和道歉有关的案例很难。这也许是因为最好的道歉并没有公开，只有顾客和他们所喜爱的公司知道。好的道歉是带着谦卑之心发出的，大张旗鼓致歉不符合受欢迎的公司在致歉时带有的谦虚精神。而事实上，下面的这些道歉案例，公司并没有做过大肆宣传，它们是接受道歉的人，即那些被这种姿态感动的顾客讲述的。

提供产品和服务是一种人类活动。因为我们是现实中的人，做事情难免会有差错。顾客比公司想象的更能理解这一点。而有些事情之所以会恶化，往往是因为公司故意遮遮掩掩，没有真心道歉并努力改正错误。

下面是一些公司的真实案例，这些公司或者公司内部的人员在出现异常时很好地表达了歉意。公司的规模有小有大，差错有 3 种代表性的类型：业务中的问题，服务中的差错，悲剧事件或失策的举措。这些案例中的公司之所以能够继续发展，是因为他们很好地做出了道歉。当你也能这样做的时候，你的业务也会发展起来，这不仅是因为你的道歉之举可以吸引顾客再次光顾你的生意，也是由于你道歉的能力给公司内部带来了发展的能量。

受欢迎公司往往会认为，直到他们与顾客之间的情感联系恢复了，道歉才算完成。为什么他们决定以这种方式道歉？因为这样做是正确的。父母告诉我们，当你伤害别人，无论是有意还是无意，你都要道歉，而且要真心道歉。

尼古拉斯·塔乌奇斯在他的书《认错：道歉与和解的社会学》中说："道歉，不管如何真诚和有效，都无法撤销已经做过的事情。但是，通过一种神秘的方式和其自身的逻辑，这也正是道歉似乎做到了的事情。"你有这样的勇气吗？你能好好地道歉吗？

决定权在你的手中！

强生公司决定"保护大家"

决定的意图：保护大家

从 1982 年 9 月 29 日起，在 72 小时内，芝加哥地区有 7 人因服用被氰化物污染的泰诺速效胶囊而死亡。泰诺是强生公司最畅销的止痛药，尽管强生公司在这起人为投毒事件中没有责任，但他们却主动承担起全部责任，迅速采取了行动。强生公司做的第一个决定就是"我们怎样做才能保护大家"。

动机：遵循强生的信条和价值观

强生公司董事会仅仅花了 20 分钟时间，就决定了他们应该如何应对这场灾难。强生遵循他们的黄金法则，立即采取了行动，召回了 3100 万瓶泰诺胶囊（总价值超过 1 亿美元），泰诺的广告被叫停。芝加哥卫生官员和执法官员涌上街头，警告大家不要购买泰诺速效胶囊，并将可疑的药瓶送去测试。为了防止更多的人买到受污染的泰诺胶囊，强生公司与地方当局、学校，甚至童子军进行了合作。学校让孩子们将信息带回家里，交通系统的员工持续广播这条消息。抗氰药剂被发放到所有的医药单位。此外，童子军、教会和民间团体工作人员还挨家挨户地提醒那些可能没有看到这条消息的住户。

影响：仅两个月后，泰诺就成功重返市场

强生公司这种举措是"良好的道歉"的典范。由于他们从自己的核心价值观出发，迅速而果断地采取了行动，这起本来可能让强生一蹶不振的事件却没有给公司带来灾难性后果。1981 年，强生净收入总额的 17% 来自于泰诺品牌，很多人预测，氰化物污染事件会让泰诺遭受永远无法恢复的打击。正如他们预计的一样，泰诺的市场份额下降了，在 1982 年 9 月时仅为 7%。但是仅仅两个月后，在包装和标签上采取更严格的安全防范措施的泰诺胶囊又重返市场。1983 年 2 月，泰诺的市场份额上升到 28%。从那时起，泰诺已经弥补了氰化物事件给其带来的销售额损失的 92%。

请问你能够在危机时刻通过"泰诺测试"吗？你的第一反应是照看好顾客，还是考虑做些什么来减少公司遭受的损失和赔偿责任呢？

在危机出现时，
你的反应时间有多长？

当危机出现时，你按照怎样的时间表来照料顾客？

你是否制定过危机反应计划？

你做好准备了吗？

道歉的确是人性的试金石

Netflix 决定诚实是最好的恢复方式

决定的意图：告知所有的顾客，而不只是那些遭受影响的顾客

Netflix 是一个拥有 1000 万用户的 DVD 租赁服务公司。2008 年 8 月，一次重大技术故障导致该公司无法按时将 DVD 顺利发送给用户。Netflix 立即在网站上承认了此事："重要消息：您的 DVD 送货过程有可能出现延误。"他们并没有因为害怕被用户责怪而隐藏问题。而且 Netflix 还给每个用户都发了电子邮件，确保让大家都知道这个消息。其实并非所有的用户都在那个时段租了 DVD，但没有关系，Netflix 诚实地把这件事告诉大家，并主动给用户送积分，这相当于主动伸出了橄榄枝。第一次租 DVD 就遇到了延迟的新用户则会收到一条消息说："我们知道这不是很好的第一印象，我们会自动延长您的免费试用期。"

动机：服务必须和顾客的生活相关

1999 年，Netflix 公司开始通过邮寄的方式提供 DVD 租赁服务，这在当时具有划时代的意义。在此之前，我们只能去音像店租 DVD。Netflix 公司给消费者提供了一个到网上挑选 DVD，阅读评论，并通过自己的邮箱获得 DVD 的选择。服务和"让顾客感到高兴"已经成为该公司的立足之本，而且服务也推动了他们的发展。随着市场的变化，Netflix 方便的送货方法也开始面临着 iTunes 和 Comcast 机顶盒等服务的激烈竞争，该公司仍在继续为用户提供优质的服务，因此，当这次故障发生时，Netflix 知道他们需要迅速而诚实地以自己独特的方式来重建信誉，以证明他们值得顾客继续光顾。

影响：85％的新顾客都是由老顾客介绍来的

Netflix 的 "End of Week" 博客在故障发生后更新了一条消息："再次道歉，并感谢你们的支持。"一位顾客回答说："忘记那些爱发牢骚的人吧。你们已经尽力了。你们的服务值得赞扬，绝不会因为这种小事被嫌弃。"据估计，Netflix 的恢复成本是 600 万美元，因为他们与顾客进行了直接沟通，他们的决定和行动受到了顾客的称赞，这也推动了他们的成长。93％的老用户说他们曾向别人赞扬过 Netflix 有多棒。2008 年，Netflix 公司获得一个新用户的平均成本下降了 23％，营收增长了 19％，利润增长了 45％。

你呢？你会在一个并非所有顾客都知道的事故上如此坦白吗？

当发生

差错时，

你会向顾客

承认吗？

当问题出现时，那些站出来向所有顾客坦白承认问题的公司，会为大家提供一个更好的体验。

他们显示了他们的本色。

道歉的确是人性的试金石

邻家护士公司决定送"抱歉馅饼"给顾客

决定的意图：道歉，解决问题，表示谦意

当凯瑟琳·沃克的阿尔茨海默氏病恶化时，她的女儿盖尔·沃森试图同时照顾生病的母亲和虚弱的父亲。要同时照顾两位老人十分辛苦，但沃森找到了一家可以帮助顾客照顾亲人的"邻家护士"公司。约翰·德哈特和肯·森姆是这家公司的创始人，他们之前曾经有过找不到合适的医护人员的亲身经历。德哈特和森姆的公司迅速发展起来，但是所有高速发展的公司都知道，这个过程中会存在"成长的烦恼"。所以他们决定，当公司的服务出现问题时，会真诚地表达歉意，向顾客解释什么地方出了错，他们将如何解决，并谦虚地请求顾客的谅解。

动机：赢得顾客重新信任他们的权利

当出现差错时，邻家护士公司会在道歉时送给顾客一个新鲜出炉的馅饼——这不是普通的馅饼，而是一个"抱歉馅饼"。它附有一张纸条，上面写着："我们出了差错，我们真诚地为服务中的问题道歉。"公司在温哥华的几家面包房定制这种馅饼。森姆和德哈特说："吃一个小小的抱歉馅饼有什么大碍吗？"尤其是和顾客关系处于危急关头的时候。

影响：耗资 1500 美元在"抱歉馅饼"上，留住了 10 万美元的生意

邻家护士公司第一次出现差错时，盖尔·沃森就收到了这种馅饼。虽然起初她很生气，但邻家护士公司的真诚道歉，以及送"抱歉馅饼"这种奇思妙想和谦虚行为让她的怒气迅速消失了。沃森女士至今仍然是该公司的忠实顾客。送"抱歉馅饼"给顾客最初是邻家护士公司里一名雇员的自发举动，但现在它已经成为公司安抚失望顾客的一种常规性做法。德哈特估计，公司在 2008 年花费了大约 1500 美元在"抱歉馅饼"上，但因此留住了约 10 万美元的销售额。在短短 5 年时间里，邻家护士公司已经发展成为不列颠哥伦比亚省最大的家庭医疗保健公司。德哈特说："这是一个'留住顾客'的问题，而不是'谁的过错'的问题，顾客流失的代价非常高昂，而满意的顾客会与朋友和家人分享他们的体验。"邻家护士公司在 2008 年发展得非常好，顾客增长超过了 25%。这完全可能是因为他们良好的口碑推动了顾客的增长……或者大家只是想尝一尝馅饼？

你有你的"抱歉馅饼"吗？你考虑过某些时候你也会需要一个这样的馅饼吗？你有主动去找一个面包师做抱歉馅饼吗？

你用来烤

抱歉馅饼
的烤箱

准备好了吗?

你能烤一个抱歉馅饼吗?

承认错误,显示你的人性。认错是一件很困难的事。但你的顾客渴望听到你在出差错时道歉。你有说"对不起"的DNA吗,你能真心实意地说对不起吗?

道歉的确是人性的试金石

赞恩自行车店的店员格雷格自愿用一周的收入来留住一位顾客

决定的意图：真心忏悔的举动

一位妻子为丈夫购买了一辆特别的自行车，要求赞恩自行车店在情人节晚上把它放在橱窗里，以便她和丈夫共享晚餐后路过赞恩车店时给丈夫一个惊喜。但赞恩车店的售货员格雷格当晚忘了把自行车放在橱窗里，导致赞恩车店失去了这位顾客的信任。第二天自行车被送到顾客家里，赞恩车店免去了尚未支付的尾款，还送上了晚餐礼券——弥补顾客在情人节遭受的失望和沮丧。在表达歉意之后，赞恩车店获得了顾客的原谅。但忘记把自行车放在橱窗里的格雷格呢？克里斯·赞恩收到了他的道歉信，信里夹着一张支票，是那辆自行车价格的一半（克里斯没有兑现这张支票）。格雷格自愿用他一个星期的工资来纠正这个错误。

动机：坚持赞恩的信条

格雷格知道赞恩自行车店重视每个顾客的终生价值，他为他的差错负起了责任。格雷格这样做的动机是为了坚持赞恩车店的信条，而他确实也做到了。赞恩车店知道他们给顾客留下了一个不好的印象，他们决定弥补这位顾客，修复顾客的不信任。而格雷格决定弥补赞恩车店。

影响：赞恩的文化发扬，员工是最重要的

"情人节顾客"为她的丈夫"买"了一辆自行车和很多附加礼品，但格雷格才是这个故事真正的关键。格雷格的举动证明了赞恩车店的文化底蕴。公司文化在危机出现时发挥了作用，这是因为格雷格处在一个鼓励他做正确的事情的环境中。这次的顾客关系修复行动虽然令人难忘，但在员工不需要任何管理层批准或审查就可以采取行动方面，它却不是唯一的例子。带着真诚的关怀、悔意和谦虚感来做正确的事情，让顾客获得补偿，修复与顾客之间的关系，这似乎是赞恩车店的本能。（目前格雷格仍然是赞恩团队的一位重要成员。）

顾客为什么「粉」你

FIVE
DECISIONS
THAT
DRIVE
EXTREME
CUSTOMER
LOYALTY

在艰难的时刻，
你的公司文化
会发挥作用吗？

当事情出现差错，需要纠正时，会是你发光发亮的时刻吗？

公司的价值观会指明决定的方向吗？

人们清楚做什么，如何做吗？

他们有权限这么做吗？

Intuit 公司在 2007 年决定耗资 1500 万美元为 TurboTax 的问题道歉

决定的意图：消除恐慌，解决问题，挽回顾客

"马上就到 4 月 15 日午夜 12 点的报税截止期了，你利用最后几分钟的时间检查了一下自己在报税工具 Intuit TurboTax 上填写的内容，然后单击'提交'，这时不可思议的事情发生了：你的计算机屏幕上闪烁着'服务器超载，请在 2 个小时之后再尝试'的字样。恐惧感涌上你的心头，你唯一的指望就是美国国税局能理解你的困境！"这是一个 TurboTax 用户在自己的博客上写下的记录。当晚共有 20 万顾客无法及时用 TurboTax 完成报税。但他们不必担心，不到一天时间，Intuit 公司就向所有受到影响的顾客道了歉，并承担起向国税局解释的责任，打消了大家的顾虑。Intuit 从顾客的最大利益出发，果断地采取了人性化的行动，让顾客感到安心。

动机：不要让顾客为我们的错误买单

事件发生后，Intuit 公司总裁史蒂夫·班尼特发出了一条消息："这引起了顾客的无奈和焦虑，对此我们深感遗憾。这不是顾客们希望从 Intuit 获得的体验，而且也是我们所不能接受的。我们会弥补顾客遭受的损失。"这条消息为 Intuit 定下了道歉和采取行动的基调。

在 Intuit 做出解释后，国税局允许遭受影响的纳税人可以延期到 4 月 19 日午夜 12 时前报税而不被罚款，Intuit 还承诺赔偿顾客因这起事件而引起的其他罚款。TurboTax 自动退还了顾客在服务器超载时被收取的信用卡费用。

影响：81% 的销售额都是由口碑带来的

Intuit 公司在这一行动中投入了 1500 万美元，但是，像这样的决定和行动推动了 Intuit 公司的发展。"Intuit 公司令人惊喜"这样的博客帖子表达了大多数顾客的情绪。Intuit 的首席执行官布拉德·史密斯称公司 81% 的销售额都是由老顾客向新顾客推荐 Intuit 带来的。即便在经济不景气的时候也是如此。Intuit 公司 2008 年最后一个季度的营收增加了 11%，达到 4.78 亿美元。在服务出现问题的时候，顾客看到了公司的本色。受欢迎的公司对顾客体验恢复的规划，就像对 IT 和自然灾害恢复过程的规划一样，都尽可能多地做到深谋远虑。

当出现问题时，你的公司需要花多长时间才能对顾客做出回应呢？顾客每分钟都在看表，你做出回应之前损失了多少时间，告诉他们你对发生的事情有多关心？

你是否
接受
问责?

在出现问题的时候,顾客会看到你的本色。

当发生问题时,你会从顾客的最大利益出发,采取果断行动吗?

你的"救援"计划中的承诺是为了充分弥补顾客的损失,还是仅仅为了让事情过去?

道歉的确是人性的试金石

塔帕斯·K.达斯古普塔医生
决定亲自向病人道歉

决定的意图：承认自己的错误并道歉

塔帕斯·K.达斯古普塔医生是伊利诺伊州大学芝加哥医学中心的肿瘤外科主任，具有丰富的临床经验，但他在一次手术中错误地切除了癌症患者的一些组织：本应从第九肋骨处切除，结果他从第八肋骨处切除了。达斯古普塔知道他应该怎么做：他亲自与病人及其丈夫会面，向他们表达了深深的歉意。他没有找任何借口，而是带着谦卑和自责说："我做医生很多年了，我不能找任何借口，事情已经发生，我已经在一定程度上伤害了你。"

动机：达斯古普塔医生的唯一动机是减轻这个家庭的痛苦

对达斯古普塔医生而言，做出富有同情心的道歉是他的本能，而他的行动也受到了伊利诺伊州大学芝加哥医学中心的支持。这个中心鼓励医生们主动披露医疗错误，真诚地道歉、解释，并提出解决方案。该医院的医疗人员接受过专门的培训，知道当事情没有按计划进行的时候如何向患者做解释。伊利诺斯大学首席安全官蒂莫西·B.麦克唐纳博士说："惧怕应该是学习的机会，而不是羞耻的标志，我认为这是保护病人安全的关键。如果你提高透明度，更有可能清楚错误是什么，并对此进行改正。"

影响：关怀和宽恕胜过愤怒，医疗诉讼案数量减少了一半

那位病人感到达斯古普塔医生的解释和帮助她的愿望是真诚的，她没有起诉医生，也没有起诉伊利诺伊州大学医学中心，他们达成了庭外和解。她对律师解释说，达斯古普塔医生如此坦白，如此诚实，以至于她和她丈夫的怒气都消失了。由于伊利诺伊州大学医学中心决定公开和诚实地讨论医疗错误，真诚地做出道歉，并为患者及家属提供帮助，该中心的医疗诉讼案数量减少了一半。他们承认在37件医疗事故中出现了可预防的错误，他们真诚而充满感情地道了歉，只有一个病人提起了诉讼。

你能抛开

恐惧，

说"我们很抱歉"吗？

你可以把"公司"放一边，在个人层面上做出反应吗？

你能抛开恐惧，公开并诚实地和顾客交谈吗？

道歉的确是人性的试金石

西南航空公司决定主动向顾客道歉

决定的意图：在顾客抱怨之前就主动道歉

西南航空公司的名誉主席科琳·贝瑞特表示："我们从第一天起就想做服务工作，只不过是碰巧属于航空运输行业。"科琳的想法是：要想做最好的顾客服务，就要积极主动，不能等到顾客告诉你出了问题，而要在顾客发现问题之前提前发现。科琳专门组建了一个"主动式乘客服务"团队，这个团队的名称清楚地表明了它存在的原因。

动机：西南航空公司希望感动顾客

西南航空已经把"说对不起"变成了其业务的核心竞争力之一。在每天早晨召开的"WOW"（Morning Overview Meeting）晨会上，公司的运营人员、气象学家和"主动式乘客服务"团队的成员会讨论前一天的航班延误和服务差错等问题。他们阅读天气报告，了解可能出现的延误和问题。然后"主动式乘客服务"团队就开始工作，他们想象如果自己是乘客会经历什么情形，进而决定就哪些事件向顾客致歉，如何表现出西南航空的人情味。他们会根据情况轻重，提供从免费机票到各种折扣的LUV券，然后加上一封有手写签名的、根据顾客体验而写的个性化道歉信。当然不是那种批量制造的"道歉"信！

影响：2007年，主动道歉为公司带来了180万美元的净回报

西南航空采取"黄金法则行为"的本能给他们带来了利润。这些做法帮助他们维持了业务的发展。根据顾客兑换LUV券的记录，按照相应的会计核算，在2007年，从"主动式乘客服务"团队收到道歉信的顾客再次乘坐西南航班所产生的净回报是180万美元。自1987年9月以来，美国所有的航空公司都有向交通运输部报告他们的旅客投诉率，而西南航空公司的旅客投诉率一向是最低的。2007年，西南航空公司被《华尔街日报》评为航空公司冠军。在2008年TIME网站的调查中，西南航空公司在"最友好的航空公司"中排名之一。

你能像西南航空那样组建一个主动服务团队吗？

顾客为什么「粉」你

FIVE
DECISIONS
THAT
DRIVE
EXTREME
CUSTOMER
LOYALTY

你有多
主动？

你是否有一个用以了解你的顾客经历了什么的主动恢复计划？

当事情出现差错时，哪些程序会自动启动？

你的恢复行动会让你的顾客感动吗？

道歉的确是人性的试金石

比恩公司决定帮助一线员工纠正"错误"

决定的意图：让顾客安心

阿尔玛·瑞奇在比恩公司为一位朋友购买了节日礼物，并指定了送货日期（比恩公司提供这样的服务）。不幸的是，系统故障导致礼物在节日前就送到了朋友那里，这破坏了阿尔玛想带给朋友惊喜的心情。当阿尔玛向比恩投诉此事时，她担心可能要很大的力气才能解决问题。但她的担心很快就消失了，因为比恩公司迅速做出了反应。阿尔玛获得了两个解决方案，退款或者在指定的时间免费再送一份礼物给她的朋友。此外，比恩公司还做出了诚恳的道歉，并承诺将联系她的朋友，负责解释发生了什么。比恩承担了所有责任，而不是让顾客自己向朋友解释，毕竟这是比恩的过错，他们就会负责。所有的问题都圆满解决了。

动机：让电话销售代表拥有做正确的事的权力

比恩确保让顾客感到安心，该公司给一线员工提供了做正确事情的权力，这让他们感到比恩的小城镇式企业文化很亲切。里昂·里昂伍德·比恩在1912年创建这家公司时曾说："出售优质的商品，获得合理的利润，人性化地对待顾客，他们就会再次光临。"这句话在今天仍然适用。比恩也说过："很多人在顾客服务方面说了很多花哨的东西，但顾客服务只是一项每天都在做的、连续无止境的、富有同情心的活动。"

影响：比恩的年销售额为15亿美元

比恩公司一直以来都十分尊重顾客和一线员工。从"只有一个人的公司"起步，发展成为一个年销售额达15亿美元的全球性公司，比恩公司是通过尊重顾客，尊重为顾客服务的员工并信任他们，给予他们做正确的事情的权力而发展起来的。比恩公司在《女装日报》2008年的"在线零售商满意度指数100强"报告中排名第一，2008年和2009年被《商业周刊》杂志评为服务"冠军"。2008年，比恩公司还连续第6年在布兰德·基斯客户忠诚度指数的服装目录类别中排名第一。

顾客为什么「粉」你

FIVE
DECISIONS
THAT
DRIVE
EXTREME
CUSTOMER
LOYALTY

你的
一线员工
会"救援"顾客吗?

当不满意的顾客打电话到公司时,你的一线员工有做正确事情的权力吗?毫不犹豫地为顾客提供帮助的员工让受欢迎的公司变得与众不同。

你付出了多少努力来培养员工的这种能力?

道歉的确是人性的试金石

百特公司首席执行官哈里·克雷默决定自愿削减个人奖金

决定的意图：无论是谁的错，都要立即采取行动

“我们要确保做正确的事。”百特公司的首席执行官哈里·克雷默对负责透析设备的总裁艾伦·海勒说。2001年，在西班牙马德里和克罗地亚，一些使用过百特透析器的病人死亡了。百特公司首先想到的不是追究谁的过错，而是立刻承担起责任，从全球召回了所有的透析器，并暂停分发已经入库的透析器。调查最终发现，百特公司一些透析器在测试期间使用了另一家公司生产的制剂，这些没有被冲洗干净的制剂在透析过程中进入了病人的血液，造成了死亡。尽管这个错误不是百特公司造成的，但由于涉及到他们的设备，克雷默并没有责怪其他各方，也没有隐瞒事实。百特公司公开进行了道歉，表达了由衷的同情和谦意，并关闭了制造这种透析器的工厂，而且他们与所有遭受损失的家庭达成了补偿协议。

动机：在价值观的指引下做出决定及采取行动

在谈到公司采取的举措时，克雷默说：“我们试图做正确的事。我觉得，让事情变得比本身需要的复杂是一种不好的倾向。如果我们遵循所信奉的价值观，我们的股东价值也会增加，我看不出来这里面有什么冲突。”克雷默发起了关于如何把价值观运用到决策制定中的公开对话，从而确保了公司可以坚持他们的价值观。百特公司在这一事件中支付了1.89亿美元。由于觉得自己责无旁贷，克雷默请求董事会把他2001年的奖金削减40%，并建议把相关的高级管理人员的奖金也削减20%。

影响：克雷默给出了很好的答案，根据价值观来做决定

百特公司的股价虽然因2001年的透析器危机而下跌，但很快就止跌回升了。金融界人士称赞了百特开展的直接对话和采取的恢复措施，百特公司的员工也受到了教训。即便是在一个悲剧事件中，价值观和决定的一致性也提升了员工对公司和克雷默的信心，自豪的员工们给克雷默发来了大量电子邮件和消息。在事件发生后一年的一次采访中，克雷默说：“如果价值观是正确的。那么你的决定和采取的行动也是正确的。”

危机时刻会转化为你最值得骄傲的时刻吗？决定是艰难的，但正确的决定会展示你的价值观、你的信念，以及你的决定是否是由这些东西在指导。

你从错误中
学习
并做出 改变 吗?

懊悔自责是件好事,但改变意味着你把顾客的体验放在心上。

遭受影响的顾客希望公司做出持续性的改变,这样其他顾客就不会再经历糟糕的体验了。

道歉的确是人性的试金石

你善于说"对不起"吗

当事情出差错时，你灵活到可以立刻采取行动、找出问题、制定恢复计划，并在一天之内开始实施吗？或者在几个小时内开始实施？这是你的顾客所期望的，而且他们也值得你这么做。

事实已经证明，一个真诚的道歉可以强化顾客与公司之间的情感联系。我们是普通人，容易犯错误，但我们也很幸运，因为我们通常都有弥补的机会。

> 我们是普通人，容易犯错误，但我们也很幸运，因为我们通常都有弥补的机会。

我将用一起非常有名的纠纷来结束这个章节。这起纠纷不是发生在公司和顾客之间，而是发生在两位著名的体育界人士之间。纽约洋基队的老板乔治·史坦布莱纳在1985年赛季里以一种简单粗暴的方式辞退了球队经理约吉·贝拉。史坦布莱纳没有亲自跟约吉·贝拉谈，而是派了另一个人去执行这项任务。史坦布莱纳也从未为他的行为或他采取行动的方式向约吉·贝拉道歉，约吉·贝拉发誓再也不踏足洋基球场。在此后很多年中，他多次收到请他重回洋基队的间接邀请，但他没有让步，直到史坦布莱纳亲自发出邀请。在辞退约吉·贝拉14年后，史坦布莱纳终于跟约吉·贝拉道了歉。这迟来的道歉违反了道歉的第一原则：好的道歉应该是在第一时间做出的。但这个道歉是真诚的、人性化的，而且史坦布莱纳承担起了责任。他们终于在14年之后修补了裂痕。

现在很多公司都能相当直率地向顾客道歉，但往往欠缺了一些让道歉变得有意义的要素。约吉·贝拉知道史坦布莱纳终于想要真诚地

顾客为什么『粉』你

FIVE
DECISIONS
THAT
DRIVE
EXTREME
CUSTOMER
LOYALTY

修复他们之间的关系时，才接受了史坦布莱纳的道歉，因为这时他看到史坦布莱纳跟之前不同了。

要修复与顾客之间的情感联系，并获得了良好的效果，这是有条件的。你的道歉必须：

- 是真心的。
- 让顾客恢复对你的信心。
- 尊敬那些受到伤害的人。
- 解释并努力解决问题。
- 谦虚而迅速地道歉。

还记得小时候你的兄弟姐妹打你或掐你的事吗？当然，他们会跟你道歉，但是这种道歉意义并不大，因为他们通常是在父母的要求下向你道歉，或者他们已经道歉过很多次了，之后还是会打你。而这正是当我们空泛地做出一个道歉，然后并不真正去解决问题时，顾客还会经历这样的事情。你的第一次道歉有可能给你加分，但当同样的问题再次出现时，你再次道歉就不会有用了，你对顾客的影响力和顾客对你的信任都会减少。

受欢迎的公司把"恢复感情联系"变成了一个向顾客表示"还有谁会这样做"的机会。他们十分重视重拾顾客对他们的信心，这种时刻决定了公司的水平。受欢迎的公司重视每一个这样的时刻，因为他们知道顾客会在心里给他们打分。

> 还记得小时候你的兄弟姐妹打你或掐你的事吗？当然，他们会跟你道歉，但是这种道歉意义并不大。

你是如何说"对不起"的

当你道歉的时候……

你是真心的吗?

你让顾客对你恢复信心了吗?

你尊敬那些受到影响的人,并解决了他们的问题吗?

你谦虚而迅速地道歉了吗?

受欢迎的公司把"恢复感情联系"变成一个向顾客表示"还有谁会这样做"的机会。当出现状况时,上述这些修复你和顾客之间感情联系的条件存在吗?

你的故事:

你怎样道歉。

很简单:开放地交流价值观。表达尊重,做出回应,关注结果。一遍又一遍地这么做。如果价值观是正确的。那么你的决定和采取的行动也是正确的。

——百特公司首席执行官克雷默

顾客为什么「粉」你

FIVE
DECISIONS
THAT
DRIVE
EXTREME
CUSTOMER
LOYALTY

170

FIVE DECISIONS THAT DRIVE EXTREME CUSTOMER LOYALTY

07
决定权在你的手中

你看到的每一个成功企业的背后，都曾有人做出过勇敢的决定。

彼得·德鲁克
（PETER DRUCKER）

这本书一直都在邀请你思考这样一个问题：你的组织集体的决定告诉顾客、员工和市场什么样的故事？在前面的章节中，你已经见过很多受欢迎的公司做过的决定，以及这些决定如何影响顾客和员工了。而且我也提出了一些问题，帮助你思考通过你的决定传达了什么样的信息。

通过阅读前面的章节，你了解了这些受欢迎的公司、了解了他们的决定，并把这些决定跟你自己的决定做对比，那么，你现在应该知道他们的决定和你的有什么不同，也明白产生的结果有所不同了。

顾客在传播你的故事吗

关于"你是谁，你重视什么"有些什么样的故事？你的决定是否反映了你的本意？它们是否向员工和顾客表明了你对他们有多重视？当你做出尊重和重视顾客的决定时，你会赢得他们的尊重，并最终赢得他们的喜爱。你的决定会让顾客劝说别人尝试你的产品和服务吗？顾客在传播你的故事吗？

在最后的这一章中，为了帮助你了解你的决定如何影响顾客和员工，我把本书中提出的所有问题都归集到了一起，你可以用它们来诊断你的组织的优势。从这些问题的答案中，你会了解到公司之外的人是如何看你的公司的，他们会传播一个"你是谁，你看重什么"的故事，这个故事的基础就是你做出的决定。

> **关于我们的决定的故事：**
>
> 表明了我们是谁，我们重视什么。

第 1 个决定：我们决定相信别人吗？

"我们相信我们的顾客，我们相信那些为他们提供服务的人。"

受欢迎的公司决定相信别人，信任和信念是他们之间关系的基石。通过决定信任顾客，他们摆脱了多余的规则、政策和官僚机制，这些东西在他们和顾客之间树立了屏障。受欢迎的公司决定相信员工能够也愿意做出正确的事情，这不仅减少了猜忌，减少了每一步都要进行检查的必要，也避免了把员工降格为只会干活的劳动力，让员工充满了活力，能够分享想法，并且愿意留下来。

> **我们对顾客开诚布公吗？**
>
> 格里芬医院决定把医疗记录给患者及其家属查看，他们的信任不仅让医患关系变得更好，而且降低了医疗事故索赔率。
>
> - 我们是否隐藏着一些可以给我们带来权力的信息？
> - 我们是否知道这样一些信息：如果顾客知道和理解它们，顾客会从中受益？
> - 我们是否认为，如果我们信任别人，别人也会信任我们？

我们为信任添砖加瓦了吗?

货柜商店决定与全体员工分享敏感的财务信息，这种做法为员工指引了方向，提升了他们工作的目标。

- 我们可以采取哪些行动，取消哪些规章，来向员工表明我们对他们的信任?
- 我们如何对员工的智慧表现出尊重呢?
- 我们可以给规章制度"减肥"吗?

我们的决策民主吗?

戈尔公司通过摒弃等级、头衔和论资排辈的传统来激励创新。他们相信好的想法来自于每一个人，这种信念推动了他们的增长。

- 在我们的公司中，最好的点子能被采用吗?
- 无论这些好点子来自哪里，它们有开花结果的机会吗?

你认为顾客是一种资产还是一种成本呢?

赞恩自行车店决定不让顾客提供试骑抵押品。商店每年销售4000辆自行车，平均只有5辆在试骑过程中被盗。克里斯·赞恩说:"我们计算过，每一位顾客的终生价值是12500美元。为什么要从质疑他们的诚信来开始我们之间的关系呢?"

- 我们知道我们顾客的价值吗? 公司里的每个人都知道吗?
- 我们对顾客的重视会指导我们做决定吗?
- 我们是在顾客身上投资，还是仅仅在做成本管理工作呢?

我们与顾客之间情感纽带的来源是什么？

对于哪些产品能上货架，乔氏超市相信员工的判断；对于让哪些产品能留在货架上，乔氏超市相信顾客的反馈。激情和信任把他们和顾客联系在一起。仅仅把顾客当作研究和报告的对象，就会产生冷漠和怀疑。

- 在公司里，我们会体验自己的产品和服务吗？我们会食用我们出售的食物，穿我们店里的衣服，体验我们给顾客提供的相同服务吗？
- 我们经常与顾客联系，让他们使用、尝试我们的产品吗？

你敢"裸登"顾客写的评论吗？

CustomInk 决定在网站主页上保留所有顾客评论。他们相信顾客会实事求是地写评论，他们相信老顾客会公平公正地给新顾客提建议。

- 我们相信老顾客会公平公正地给新顾客提建议吗？
- 我们会对顾客的评论进行删除处理吗？

你的信任"水杯"是半满的还是半空的？

文曼斯的要求只有很简单的一条：不让任何顾客带着不满意离开。他们信任为顾客服务的一线员工有能力做到这一点。Umpqua 银行也相信员工的技能能让顾客获得满意的整体体验。

- 我们相信大多数员工会做正确的事吗？
- 我们还是在管理少数人吗？

顾客为什么「粉」你

FIVE
DECISIONS
THAT
DRIVE
EXTREME
CUSTOMER
LOYALTY

176

你是在招聘合作伙伴？还是在填补职位空缺？

福来鸡公司花费大量的时间来了解候选人的价值观和习惯，所以他们可以终生信任加盟店的店主。

- 我们会依据候选人的终生价值观来选择员工吗？
- 我们想让今天入职的新人成为公司的一部分吗？

谁在你的会议中占据一个席位？

哈雷—戴维森公司建立了快速成长的成功之路，因为他们把通常会存在矛盾的管理层、工会和工人聚在一起，在他们之间建立了一种合作的关系。

- 我们让员工参与规划他们自己的工作吗？
- 我们对真正的伙伴关系表现出了尊重吗？我们相信伙伴关系的力量吗？
- 我们有把整个公司的员工都培养成为参与者吗？

第 2 个决定：我们通过明确的宗旨来做决定吗？

"我们坚不可摧的诚信和清楚明白的宗旨指导着我们决策的方向。"

那些受到顾客喜爱的公司每天都在努力工作以避免落入"正常"商业惯例，他们可以与顾客建立起一种强大的、具有人情味的联系。受欢迎的公司不惜花费时间来强调，他们工作的目的是为了让顾客生活得更好，他们会把这个宗旨体现在他们的决定中。受欢迎的公司用明确的宗旨来指导决策并把员工凝聚到一起，从而把"执行任务"提升到"为顾客提供某种体验"的层次上；顾客不仅想要再次享受这种体验，并且还会把它推荐给别人。

是什么定义了我们的体验？

苹果公司在他们的专卖店中设置了一个"天才吧"，为顾客提供"苹果版本"的丽思卡尔顿酒店和四季酒店的酒吧体验。此举明确展现了苹果专卖店的宗旨：当顾客遇到难题时，员工们应该怎么做，提供怎样的体验。

- 当我们决定做这件事而不是那件事时，是否有一种"目标体验"在为我们指引方向？
- 从公司里随机抽取 10 个人，问问他们对为顾客提供什么样的体验有同样的定义吗？

我们雇佣那些与公司价值观相契合的人吗？
我们鼓励那些不合适的人离开吗？

Zappos 公司在培训过程中会一直对新员工进行筛选，希望留下那些喜欢该公司文化的员工。如果新员工发现自己对公司文化和这份工作缺乏激情，他们可以从公司拿到 2000 美元后离开。

- 受欢迎的公司里充满了热爱自己工作的人，你的公司呢？
- 我们怎么在雇佣过程中筛选候选人，以保证他们拥有我们的核心价值观呢？
- 如果一位员工跟公司的文化格格不入，我们会帮助他体面地离开公司吗？

顾客为什么『粉』你

FIVE
DECISIONS
THAT
DRIVE
EXTREME
CUSTOMER
LOYALTY

我们的体验有到期日吗？

赞恩自行车店为了让顾客安心，决定为他们的全程购车体验提供保障，这让一线员工获得了做正确的事情的自由。在决定能为顾客做哪些事情，不能做哪些事情时，员工们不再受规章制度的约束。

- 我们提供的服务，是让顾客不时地追踪何时以及如何可以从我们这里得到帮助，如何兑换积分，或者如何充分利用我们的保修政策吗？
- 在我们提供的体验中，能为哪些部分提供保障，从而让顾客感到安心无忧呢？

如果放弃采用标准的行业惯例……我们会变成什么样？

Umpqua 银行拿掉了银行业中常用的隔断绳，把自己变成了某种形式的"商店"。为了让顾客感到去银行不再是一件苦差事，他们抛弃了银行业的很多惯例。

- 我们可以抛弃行业中的哪些惯例？
- 我们一开始可以做出哪些承诺来让我们的公司与众不同？
- 我们承诺永远做什么，永远不做什么？

你的顾客体验"标记"是什么?

格里芬医院为了打消患者前往医院的惧怕感,决定在停车场播放音乐,在大堂里摆放钢琴。这种体验"标记"带来的回忆让顾客对医院产生了感情。

- 对于跟顾客接触的开始和结束时刻,我们有做过目标明确的设计吗?
- 我们有在创造回忆吗?还是说我们仅仅是在执行任务?

你的新鲜度有多高?

为了让顾客们保持浓厚的兴趣,露诗化妆品公司每年淘汰三分之一的产品。他们培养了顾客的好奇心,吸引顾客们不断进入露诗店铺看看有什么新产品。

- 我们畏惧推陈出新吗?
- 我们如何吸引顾客,让他们对我们的产品和服务感兴趣?

我们公司的氛围是什么?

很多受欢迎的公司都拥有一种标志性的独特能量。乔氏超市用海岛风格装饰店面,让员工们穿着夏威夷衬衫。这种别致的环境和态度让他们不会太把自己当回事。

- 我们太把自己当回事吗?所有受欢迎的公司都善于自嘲。
- 受欢迎的公司往往都很有个性,因此他们可以给顾客留下深刻的印象。我们公司的个性是什么?

顾客为什么「粉」你

FIVE
DECISIONS
THAT
DRIVE
EXTREME
CUSTOMER
LOYALTY

是什么按下了我们"是"的按钮？

宜家决定先设计产品的价签，因为低价是他们承诺中的一个重要组成部分。在他们对一件产品说"是"之前，会检查各种条件，以确保提供质优价廉的产品。

- 是什么在引导我们的决定呢？
- 在我们说"是"之前，哪些条件必须得到满足呢？
- 我们有这样的条件吗？

你有给顾客提供一个"结束时记忆"吗？

Newegg.com 确保顾客们购物的"结束时记忆"不会是一个弹出式广告。所以他们没有在顾客结束购物时弹出各种广告。他们不愿意为了多赚一些钱而给顾客留下不佳的"结束时记忆"。

- 我们希望顾客在说"再见"后还记得的最后一件事情是什么？

第3个决定：我们决定做真实的自己吗？

"我们的灵魂富有活力，我们的人性体现充分，而且我们有鲜明的个性。"

受欢迎的公司卸下华丽的包装，努力消除"大公司"和"小顾客"的感觉。他们和顾客之间培养了那种存在于拥有相同价值观，并喜爱对方的弱点、怪癖和特质的人之间的关系。这种关系让他们靠近彼此。受欢迎的公司决定建造一个安全的地方，让人们的个性和创造力得以展现。一些顾客被他们的特质所吸引，而他们也赢得了这些顾客的爱戴。

我们设身处地为顾客着想吗?

为军人以及军人家庭提供服务的 USAA 公司设身处地为顾客着想。在对新员工进行培训时,他们会让新员工接受"军令"并且吃士兵们在野战中吃的"即食口粮"。

- 我们能描述一下顾客一天的生活是怎样的吗?
- 我们知道是什么让顾客在晚上睡不着吗?
- 为了给顾客提供服务,我们需要了解他们的生活。我们做到这一点了吗?

我们的白色纸袋是什么?

德克萨斯州奥斯汀的艾米冰淇淋店给求职者一个白色纸袋,让求职者以一种能够表达他们自己的方式交回这个纸袋。艾米冰淇淋店用这种方式来了解求职者是否适应公司的文化。Headsets.com 对求职者进行"顾客服务选拔",看看候选人在岗位上有怎样的表现。

- 我们是如何招聘那些将要把我们的魔法产品或服务提供给顾客的人的?
- 我们的面试环节也跟我们的公司一样独特吗?
- 我们应该像 Headsets.com 那样对求职者进行"顾客服务选拔"吗?

顾客为什么『粉』你

FIVE
DECISIONS
THAT
DRIVE
EXTREME
CUSTOMER
LOYALTY

182

我们的交流够"平实"吗?

CD Baby 写给顾客的发货确认电邮充满奇思妙想,让人倍感温暖。所有受欢迎的公司都有一种把他们的个性注入到交流之中的方式。

- 我们的顾客在读完我们的信、电子邮件、装箱单、发票后想了解我们更多吗?
- 我们决定以怎样的方式跟顾客交流?
- 我们有自己独特的声音吗?

我们私下里的想法表现了我们怎样的态度呢?

WestJet 决定不使用航空业的行话,因为这种语言把乘客当成了无生命的物体,比如"12B 座的 PAX 要咖啡"。他们人性化地对待乘客。WestJet 抛弃了航空业工作的老习惯,侧重于服务乘客、尊重乘客的文化,这让他们获得了增长。

- 员工们在幕后是怎么谈论顾客的?
- 如果有人站在玻璃墙的另一边,他们会听见什么呢?

我们是如何保持与顾客的连接的?

Zappos.com 每天 24 小时和顾客交流,了解顾客的体验。他们以一种交谈式的风格在 Twitter 上跟大家交流。像这样,顾客认识了公司里的员工。这其中没有"公司的虚饰"——只有建立在信任和试图做正确事情基础上的良好关系。

- 很多公司仍然依靠调查和"焦点小组"的方式来发现顾客的需要。他们真正需要做的就是"伸出双臂"。我们这样做了吗?
- 顾客觉得我们是他们可以与之交谈的人吗?
- 我们用一种自然的方式成为了他们生活的一部分吗?

是什么拦在了我们和顾客之间?

乔氏超市知道,是员工与顾客之间的人性化互动让他们在这个行业中独树一帜。他们了解并痴迷于和顾客互动的每一个时刻,以至于不希望收银台扫描器发出的声音影响到收银员和顾客的交流。

- 我们痴迷于与顾客产生连接的时刻吗?痴迷于我们如何与顾客连接起来吗?
- 我们不仅会考虑说什么,而且也会考虑说话的方式吗?

顾客为什么「粉」你

FIVE
DECISIONS
THAT
DRIVE
EXTREME
CUSTOMER
LOYALTY

184

我们鼓励员工具备灵活性和胆量吗？

货柜商店用"成为冈比"这个口号鼓励员工保持灵活性，克服困难。这给了员工自由，让他们灵活应对不同的情况，找到正确的解决办法。"成为冈比"给服务注入了人性。

- 我们如何鼓励一线员工正确地开展同事协作，为顾客提供服务，从而让顾客获得一个积极正面的印象呢？
- 我们鼓励员工们突破界限，共同协作吗？

我们如何展示自己的优秀品质呢？

T恤供应商和印刷商 Customlnk 总是为在他们那里定制T恤的慈善机构捐一些钱。通过这种姿态，他们向顾客表示了尊重和支持。这让他们和顾客在一种人性水平上联系起来了。

- 我们用哪些无私的行为来向顾客和员工表明我们重视的是什么呢？

相互尊重是一种核心竞争力吗？

Headsets.com 会辞退那些不尊重顾客的员工。公司创始人迈克·费斯说："顾客值得我们尊重，虽然他们也可能出错，但他们永远值得我们尊重。如果你冲顾客翻眼睛，或不尊重他们，你就得离开公司。"

- 我们是否善于寻找和培养那些赢得了顾客尊重的人？
- 我们是否有一个"选拔"过程来筛选那些将在顾客面前代表公司形象的人？

第4个决定：我们决定为顾客提供支持吗？

"我们必须赢得与顾客保持持续关系的机会。"

以一种对顾客来说十分重要的方式来为顾客提供支持，这是受欢迎的公司每天都要做的事情。受欢迎的公司乐意做这种艰苦的事情。他们每天辛苦工作来赢得顾客再次光顾他们的机会。

受欢迎的公司思考并且重新思考如何做事，以便赢得顾客再次光顾他们的权利。受欢迎的公司提供的"体验"远远不只是执行经营计划那么简单。他们会让顾客觉得"还有谁会这样做呢？""我还能从其他地方获得这样的体验吗？""我想再次光顾他们。"受欢迎的公司在做生意的方式中体现出了可靠性，并从顾客的角度来看待公司与顾客连接在一起的时刻，这帮他们赢得了发展生意的权利。

我们了解顾客吗？

Zara努力吸引那些不喜欢撞衫的"时尚人群"型顾客。公司小批量生产服饰，让它们具备一定的独特性，并且迅速推出新的款式。因此顾客们会蜂拥至店中，看看有什么新的款式是错过后再也买不到的。

- 我的顾客们是如何度过一天的会启发并告诉我们应该采取什么行动吗？
- 我们是否打算基于顾客的生活方式来影响他们的生活？

顾客为什么「粉」你

FIVE
DECISIONS
THAT
DRIVE
EXTREME
CUSTOMER
LOYALTY

186

我们的顾客希望看到我们吗？

Umpqua 银行部分是网吧，部分是社区中心，部分是银行。Umpqua 的咖啡味道很好，是坐下来看书的好地方。他们的目标是让人们乐于走进他们的大门。

- 我们做营运决定的基础是"执行任务"吗？
- 我们提供了一种丰富顾客日常生活的体验吗？
- 我们的一线员工有为顾客提供个性化体验的自由吗？

你准备做出英雄式的善举吗？

赞恩自行车店决定免费给顾客提供价格低于 1 美元的自行车配件。这让他们成了顾客的"自行车生命线"。赞恩车店的姿态给顾客留下了美好印象，也吸引了顾客们再次光顾车店的生意。

- 是否每个员工都愿意做出某些善举？
- 他们得到了这样做的许可吗？
- 我们每天都会赞扬他们的英雄式善举吗？

你会把订单当作是一种责任吗？

当某件商品零库存时，Newegg.com 立即会在网页上显示该产品无货，或是直接将它从网站上删除，避免对顾客产生误导；对于不能立即发货的产品，他们不会接受顾客的订单和钱。

- 我们能像顾客期望的那样快速履行订单吗？
- 我们的顾客总是知道我们什么时候有货或者能够即刻提供服务吗？

我们的"磁铁式"服务是什么?

商业银行(现为道明银行)在每家分行里都安装了硬币回收机。这成为了一种娱乐形式,而且商业银行不收取硬币回收费用。

- 我们的"磁铁式"服务是什么?
- 我们可以提供些什么东西来帮助并吸引顾客呢?

你能够模糊顾客和公司之间的界限吗?

Threadless.com 生产的所有产品最终都会被买走,因为他们不仅让顾客参与 T 恤设计,也让他们投票决定制作并出售哪款 T 恤,而他们的顾客社区有 70 万人。受欢迎的公司会鼓励顾客参与制作他们需要的产品或服务,从而挖掘顾客的激情能量,让公司获得发展。

- 我们让顾客参与产品和体验设计过程吗?

当提供服务的具体人员发生变化时,你的服务还会具有连续性吗?

爱德华琼斯公司重视客户关系。他们让资深顾问培训新顾问一段时间,所以当资深顾客把客户正式移交给新顾问时,客户不会受到不良影响。受欢迎的公司把顾客锁定在他们的公司中。

- 当顾客的联系人改变时,我们会让顾客与我们的服务再重新磨合一遍吗?
- 当换了一个员工来为客户提供服务时,我们的服务还能够保持连续性吗?

所有人都能跳过"围栏"为顾客提供服务吗？

Rackspace 团队不会把客户当作"烫手山芋"，他们从客户的角度出发来为客户提供支持。从来不会把客户从一个部门推到另一个部门。

- 我们的组织结构图的边界线会让员工们避免多付出一些努力吗？
- 我们擅长合作吗？我们的组织结构会影响顾客体验吗？
- 员工更在意他们坐在哪个位置上以及他们自己有多重要吗？

你为顾客提供了难以忘怀的体验吗？

Zipcar 公司到大学校园里发展业务，希望能在人们生命的一段值得怀念的时光中给他们留下印象。他们希望顾客在大学时代获得的良好体验能让他们一辈子都记得 Zipcar。

- 我们知道顾客在生命中的哪些时刻最需要我们吗？
- 我们提供的体验中有一些部分是专为这些时刻准备的吗？
- 当顾客回顾他们一生中的某个阶段时，如果他们曾在那个阶段使用过我们的产品，他们还会记得我们吗？

第 5 个决定：我们决定在出现问题时道歉吗？

"当事情出错时，我们怀着谦卑之心采取行动。我们会把问题纠正过来。"

一个公司如何对差错做出回应，几乎比其他任何情况下都更能显示出该公司的本色。当问题出现时，有智慧和风度的公司会承担起责任，而不是指责别人和逃避责任。真诚地道歉并修复与顾客之间的情感纽带，这是受欢迎公司的一个标志。事实上，这种做法让我们更加喜爱这些公司。公司决定如何进行解释，做出反应，消除创伤，以及采取何种负责任的行动，这些都清楚地显示了他们对顾客的态度，展现了公司有怎样的一颗"心"。受欢迎的公司多年积累下来的好名声，使他们在做出诚恳道歉后容易获得顾客的谅解。

在危机出现时，我们的反应时间有多长？

1982 年，芝加哥地区有 7 人因服用被氰化物污染的泰诺速效胶囊死亡。强生公司的董事会仅花了 20 分钟时间，就决定了他们应该如何"保护大家"。

- 当危机出现时，我们按照怎样的时间表来照料顾客？
- 我们是否制定过危机反应计划？我们做好准备了吗？

当发生差错时，我们会向顾客承认吗？

当一次重大的技术故障导致 Netflix 无法按时将 DVD 顺利发送给用户时，他们向所有顾客通告了此事。Netflix 没有等到顾客来发现问题，而是主动承认错误，并道了歉，对顾客进行了弥补。

- 当问题出现时，我们会站出来向顾客坦白吗？
- 我们是等到顾客投诉，还是提供一个解决方案给所有人？
- 我们公司会本能地朝着哪个方向行动？

顾客为什么「粉」你

FIVE
DECISIONS
THAT
DRIVE
EXTREME
CUSTOMER
LOYALTY

我们用来烤"抱歉馅饼"的烤箱准备好了吗？

当出现差错时，邻家护士公司会在道歉时送给顾客一个新鲜出炉的"抱歉馅饼"。这种姿态表达了他们纠正问题的决心，给顾客留下了正面的印象。

- 我们能在事情出错时行事谦卑吗？我们能烤"抱歉馅饼"吗？
- 我们有说"对不起"的 DNA 吗，我们能真心实意地说对不起吗？

在艰难的时刻，我们的公司文化会发挥作用吗？

赞恩自行车店的售货员格雷格在工作出现差错后，自愿拿出一周的薪水来表达歉意。格雷格的举动证明了赞恩车店的文化具有真材实料。

- 当事情出现差错，需要做出纠正错误的决定时，会是我们发光发亮的时刻吗？
- 公司的价值观会为决定指明方向吗？
- 人们清楚做什么，如何做吗？
- 他们有权限这么做吗？

07

决定权在你的手中

在出现问题的时候，你是否接受问责？

2007 年，Intuit 公司的服务器严重超载，耽误了 20 万用户及时报税。公司投入了 1500 万美元开展补救行动。他们接受了问责，从顾客的最佳利益出发，迅速果断地采取了行动。

- 错误发生时，我们采取果断的行动，并从顾客的最佳利益出发了吗？
- 我们"救援"计划中的承诺是为了充分弥补顾客的损失，还是仅仅为了让事情过去？

你能抛开恐惧，说"我们很抱歉"吗？

塔帕斯·K.达斯古普塔医生是伊利诺伊州大学芝加哥医学中心的肿瘤外科主任，当他在手术中出现差错后，亲自向患者及其丈夫表达了深深的歉意。他了解他们听到发生医疗事故时候的愤怒，并做好了准备要进行弥补。

- 我们可以把"公司"放一边，在个人层次上做出反应吗？
- 在出现问题时，我们能抛开恐惧，公开并诚实地和顾客交谈吗？
- 我们能够对顾客说出"我很抱歉"吗？

顾客为什么「粉」你

FIVE
DECISIONS
THAT
DRIVE
EXTREME
CUSTOMER
LOYALTY

192

你有多主动？

西南航空公司每天都会召开一个晨会，了解他们的乘客在前一天获得了怎样的体验。他们不会等到从顾客那里听到抱怨，而是主动做出道歉。

- 我们是否有一个用来了解顾客经历了什么的主动恢复计划？
- 当事情出现差错时，哪些行动会自动启动？
- 我们的恢复行动会感动我们的顾客吗？

你的一线员工会"救援"顾客吗？

比恩公司确保一线员工拥有足够的权限，这样他们就可以迅速为不幸的顾客提供帮助，而不必先向经理汇报，让顾客久久地等候。

- 当一位不满意的顾客打电话到公司的时候，我们的一线员工有做正确事情的权限吗？
- 员工有选择使用他们自己良好的判断，来评估和采取救援行动吗？
- 我们付出了多少努力来培养这种能力？

决定权在你的手中

你从你的错误中学习并做出改变吗？

懊悔自责是件好事，但改变意味着你把顾客的体验放在了心上。遭受影响的顾客喜欢公司做出持续性的改变，这样其他顾客就不会再经历糟糕的体验。让问题不再发生，这是"良好的道歉"的一个解决部分。

- 当我们说"对不起"的时候，我们对此有多认真呢？
- 我们的问题纠正过程有多好，可以确保问题不再出现？

现在是你做选择的时候了

前面这些故事描述了受欢迎的公司做出的决定，你可以从中窥见它们的内部活动，了解这些公司为什么会获得大家的喜爱。对于这些公司来说，他们之所以能让顾客获得出色的体验，关键就在于"做决定"这件事上。当你读完前面的章节，了解这些受欢迎的公司，理解他们的决定后，把这些决定跟你自己的决定做比对，现在你应该知道他们的决定与你的有什么不同或类似之处了。

把我们吸引到一些人那里去的，是我们彼此之间的共同点。西南航空公司的科琳·贝瑞特在前言中说，"黄金法则行为"是我们做正确的事情的自然倾向。这是一种无私的善举；能够以正确的方式对待他人，这本身就是回报。受欢迎的公司把这种行为融合到了他们的业务经营中，做出了尊重顾客的决定。

受欢迎的公司知道，在这些短暂的时刻中，人们就对他们的公司做出了定义。他们知道，决定导致的行动表明了他们重视什么。他们也知道，这些行动表明了他们如何看待顾客。而这些行动反射了他们的形象，让客户看到了他们的品质。

FIVE
DECISIONS
THAT
DRIVE
EXTREME
CUSTOMER
LOYALTY

顾客为什么『粉』你

爱是非理性的。顾客的喜爱是对（有些人认为的）非理性商业行为的一种奖励。那些因为和顾客之间的情感纽带而获得增长的公司，之所以会获得增长，是因为他们并不总是看每一个决定会给他们带来什么回报。这个世界上存在着无数的产品和服务提供者，而受欢迎公司占据了相当大的市场份额，是因为他们对待顾客的方式与众不同。

请使用本书中的决定来帮助你做出选择，请在"如何经营你的业务"方面做出积极的决定。请决定你希望人们传播怎样的"你是谁，你重视什么"的故事。在生意中做出的决定，昭示了我们人性的深度，即我们运用黄金法则的能力。我们如何纠正差错，我们在送交产品，保证质量，给予人们所需的东西这个过程中有多么坚定，这些都显示了我们看重的是什么。而这些决定导致的行动，则揭示了我们是什么样的人。当你表现出对顾客和员工的尊重时，他们会向其他人传播你的故事，形成了一只宣传员大军，每天都会向大家推荐你的产品和服务。

> "用这本书中的决定来帮助你做选择。做出如何经营业务的积极决定。"

你接到的每一个电话，发送的每一单货物，都体现了你希望顾客们从你这里得到什么。请决定你希望他们怎么描述你。请选择你希望他们怎样传播你的故事。请从你如何做决定开始着手。决定的重点在于指导决定的意图和动机。你准备好了吗？

决定权在你的手中！

信任真是让人惊讶的礼物。因为有信任，这本书才得以成形。因而，我想在此感谢那些心怀信任的人。首先，我要感谢芭芭拉·凯威·亨利克斯。感谢你的仔细阅读，本书的每一部分都有你的影子。感谢你成为我的出版人，不过，最为重要的是，我要感谢你的真挚和真实。

感谢"莱文·普罗特金及梅宁"的鲍勃·莱文和金姆·谢菲勒，感谢你们接受了最原始的书稿，并且坚信能够为其找到归宿。

感谢威尔·魏瑟，感谢你从"投资组合"（Portfolio）中抽出手来，在并没做详细了解的情况下，就选择了相信，认为这是一个不错的故事。

感谢"投资组合"的安德里亚·扎克海姆，感谢你充满信心在签字处签下自己的名字，让我不禁感叹自己何德何能。

感谢吉莉安·格雷，本书的编辑；感谢你和我一样，在"投资组合"为了本书辛勤忙碌，充满热情。对于我来说，你不仅仅是一位编辑，本书能够出版，是我们共同努力的结果。

感谢艾莉森·麦克林，感谢你在营销方面的热情和为本书投入市场而做出的努力。

后记

FIVE
DECISIONS
THAT
DRIVE
EXTREME
CUSTOMER
LOYALTY

近距离地向伟大的领袖人物学习是一种馈赠，他们中每个人都有助于将我们塑造得更为专业——因为他们充满了信念，然而，很少有人在个人层面对我们产生影响。我很感谢已故的加里·考纳，Lands' End 的创始人，感谢他让我明白并体会到了在一个挚爱的公司是什么感觉，也因为此，在创作时我才能对他们有充分的了解。

随着年龄的增长，我发现成功的外部标志会慢慢消失，这一发现非常有趣，也非常有益。真正最重要的、最值得回忆的是我们走过的路，陪我们一同前行的人。在本书的创作过程中，我受到了美捷步的托尼·谢、西南部的巴雷特·泰勒和弗雷德·泰勒、货柜商店的凯普·廷代尔、赞恩、的克里斯·赞恩、CustomInk 的肖恩·墨菲和马克·凯茨，1-800-GOT-JUNK 的布里安·斯丘达莫尔，Headsets.com 的麦克·费斯以及其他确认和验证本书内容的热心人士的帮助。正是精神的富足滋养了我们挚爱的公司。在创作本书时，我内心一直怀有这样的期望：用一种叙述的方式，描述出在瓶子里捕捉闪电的真实感受——因为这和身置公司内部的感受有些相似。感谢你们的慷慨，为本书付出时间和精力。我希望我的描述能够回报你们的信任，让你们为此感到骄傲。

"年轻时，我们学习黄金法则，然后，我们会学以致用，投入到事业之中。"在此，我要感谢我的父母，他们给了我黄金法则的基础，并且选择自始至终相信我——不管我的脑海中出现什么稀奇古怪的念头都是如此。琳达和莉迪亚，你们就是我的后盾和依靠。比尔，当我得知你总是三思之后选择信任时，我真的很感动。

最后，有真正朋友的女性是幸运的，而我的朋友能够对本书阅读、阅读、再阅读，无疑，我是幸运之中最为幸运的那个。凯润、吉尔、西迪亚，以后我要给你们配老花镜了！谢谢你们的聆听和信任。

顾客为什么「粉」你

FIVE
DECISIONS
THAT
DRIVE
EXTREME
CUSTOMER
LOYALTY

珍妮·布利斯